Cora Besser-Siegmund
Magic Words
Der minutenschnelle Abbau von Blockaden

Ausführliche Informationen zu jedem unserer lieferbaren und geplanten Bücher finden Sie im Internet unter www.junfermann.de. Dort können Sie auch unseren kostenlosen Mail-**Newsletter** abonnieren und sicherstellen, dass Sie alles Wissenswerte über das JUNFERMANN-Programm regelmäßig und aktuell erfahren.

Besuchen Sie auch unsere e-Publishing-Plattform www.active-books.de.

Cora Besser-Siegmund

MAGIC WORDS

Der minutenschnelle Abbau von Blockaden

Junfermann Verlag · Paderborn
2008

© Junfermannsche Verlagsbuchhandlung, Paderborn 2001
2. Auflage 2004
3. Auflage 2008
© Coverfoto: michele goglio FOTOLIA
Covergestaltung/Reihenentwurf: Christian Tschepp

Alle Rechte vorbehalten.

Das Werk einschließlich aller seiner Teile ist urheberrechtlich geschützt. Jede Verwendung außerhalb der engen Grenzen des Urheberrechtsgesetzes ist ohne Zustimmung des Verlages unzulässig und strafbar. Dies gilt insbesondere für Vervielfältigungen, Übersetzungen, Mikroverfilmungen und die Einspeicherung und Verarbeitung in elektronischen Systemen.

Bibliografische Information der Deutschen Bibliothek

Die Deutsche Bibliothek verzeichnet diese Publikation in der Deutschen Nationalbibliografie; detaillierte bibliografische Daten sind im Internet über http://dnb.ddb.de abrufbar.

Dieses Buch ist ein unveränderter Nachdruck der 1993 unter gleichem Titel bei ECON erschienenen Ausgabe.

ISBN 978-3-87387-477-0

Inhalt

Vorwort zur 3. Auflage · 11
Einleitung · 13
Das Gehirn: Hüter unseres Wortschatzes · · · · · · · · · · · · · · 17
Die Macht der Wörter über unseren Körper · · · · · · · · · · · · 21
Das Neurolinguistische Programmieren:
Eine»Gebrauchsanweisung« fürs Gehirn · · · · · · · · · · · · · · 27
Wörter und die fünf Sinne · 32
Die Wortkraft körperlich erleben:
Der O-Ringtest · 39
Denken Sie jetzt nicht an einen Papagei! · · · · · · · · · · · · · · 48
Die»Psychologische Hausapotheke« · · · · · · · · · · · · · · · · · · 52

1. Die MAGIC-WORDS-Methode · · · · · · · · · · · · · · · · · · · 55
Arbeitshilfen für individuelle Ideen · · · · · · · · · · · · · · · · · · 68
Die systematische Stabilisierung der MAGIC WORDS · · 70
In wenigen Worten: die MAGIC-WORDS-Methode · · · · · 75
Die Liste zur Wortstruktur-Analyse · · · · · · · · · · · · · · · · · · 77
Mit wem zaubere ich MAGIC WORDS? · · · · · · · · · · · · · · · 81

2. MAGIC WORDS fürs Selbstbewußtsein · · · · · · · · · · · 85
Das Wort»Ich« · 88
Der eigene Vorname · 95
Der eigene Nachname · 99
Anreden · 103
Zuverlässiges Selbstbewußtsein · 107

3. MAGIC WORDS und Gefühle · · · · · · · · · · · · · · · · · · · 109

Aus Ängsten werden Stärken · 112

Depressionen werden bunt · 119

Aus Streß wird Spaß · 125

Nervosität wird zur Kraftquelle · · · · · · · · · · · · · · · · · · 130

4. MAGIC WORDS für das körperliche Wohlbefinden · 133

Das Thema Gesundheit · 137

Das Thema Fitneß · 140

Das Thema Ernährung · 143

Das Thema Entspannung · 146

5. MAGIC WORDS und Heilungsprozesse · · · · · · · · · · · 149

Der Umgang mit verschiedenen Symptomen · · · · · · · · · 152

Schmerzen · 152

Hauptprobleme · 156

Bösartige Krankheiten · 158

Allergien · 161

Infektionskrankheiten · 164

Verletzungen · 166

Gewichtsprobleme · 167

Anwendung in der Diagnostik · · · · · · · · · · · · · · · · · · · 171

Zur Verträglichkeit von Medikamenten · · · · · · · · · · · · · 173

**6. MAGIC WORDS zur Entwöhnung
von schädlichen Suchtmitteln** · · · · · · · · · · · · · · · · · · 177

Suchtwörter entzaubern · 183

Süchtig nach Gesundheit · 186

7. MAGIC WORDS im täglichen Leben · · · · · · · · · · · · · 189

Wochentage und andere Zeitbezeichnungen · · · · · · · · · 192

Alltagspflichten · 194

Das Morgenritual · 196

8. MAGIC WORDS für Kinder · 199

Kinder und Ängste · 202

Die Schule · 204

Körperkraft: Der »innere Smilie« · · · · · · · · · · · · · · · · · · 206

9. MAGIC WORDS für lernende Erwachsene · · · · · · · · · 209

10. MAGIC WORDS für Sportler · · · · · · · · · · · · · · · · · · · 213

**11. MAGIC WORDS im Umgang
mit anderen Menschen** · 217

Geliebte Menschen · 220

Ungeliebte Menschen · 223

Eltern und Verwandte · 224

Umgang mit Vorgesetzten und anderen
»hochgestellten« Persönlichkeiten · · · · · · · · · · · · · · · · · 225

12. MAGIC WORDS und Ihre Lebensgeschichte · · · · · · · 227

„Schwache" Lebensjahre stärken · · · · · · · · · · · · · · · · · · 230

Die »innere Familie« heilen · 233

Umgang mit Erinnerungslücken in der Lebensgeschichte   236

13. MAGIC WORDS und Zukunftsgestaltung · · · · · · · · · 241

Anhang · 245

1. Der MAGIC-WORDS-Fragebogen · · · · · · · · · · · · · · · · 246

2. Kontakt zur Autorin · 250

Literatur · 253

Vielen Dank an Lola und Harry,
an die Menschen, mit denen ich arbeiten durfte,
und an unser tolles Team:
Kirstin, Kathrin, Conny und Karin

»Worte sind die mächtigste Droge,
welche die Menschheit benutzt.«

Rudyard Kipling
(1865 – 1936)

Magic Words und moderne Gehirnforschung

Vorwort zur 3. Auflage

Es freut mich sehr, dass die Magic-Words-Theorie über die große psychologische Kraft von Wörtern in den letzten Jahren vielfältige Bestätigung durch neurobiologische Forschungsergebnisse erhalten hat. Vor allem der bekannte Gehirnforscher Manfred Spitzer zitiert in verschiedenen Veröffentlichungen interessante Untersuchungen zum Thema „Bahnungseffekte von Wörtern". Werden beispielsweise Menschen in Texten mehrmals mit dem Wort „alt" konfrontiert, gehen auch junge Personen kurz danach deutlich langsamer als zuvor. Bei einer Bahnung mit dem Begriff „Sport" gehen sie sehr viel schneller, und bei einer Bahnung mit dem Wort „Bibliothek" sprechen Menschen betont leise.

Ein und dieselben Gehirnzellen bzw. Neurone reagieren sowohl auf geschriebene Wörter als auch auf Bilder, die das Gehirn einem Wort zuordnet. Bei australischen Versuchspersonen konnte man eindeutig feststellen, dass identische Gehirnzellen sowohl bei der Darbietung des geschriebenen Wortes „Sydney Opera" als auch beim Foto dieses berühmten Opernhauses das gleiche Aktivitätsniveau zeigten. Demnach erreichen wir mit einer sinnlich neu gestalten Schreibart eines Wortes durch die Magic-Words-Methode wahrscheinlich alle Sinneseindrücke, die unser Gehirn in jedem Neuron mit dem Wort verbindet: Bilder, Töne und die damit verbundenen Emotionen – eine gehirnpsychologische Erklärung der nachhaltigen Wirkung der Magic-Words-Methode, 14 Jahre nach ihrem Entstehen.

Wie wichtig es ist, emotional mit Stress aufgeladene Wörter zu „verzaubern" beweisen weitere Untersuchungen. So konnte man zeigen, dass Stresswörter noch viele Stunden nach deren Darbietung zu einer erhöhten Aktivität in der Amygdala führen: Dieses nur mandelgroße „Alarmzentrum" des Nervensystems befindet sich im limbischen System, unserem „Emotionsgehirn" unter den beiden Hälften unseres Denkhirns. Eine Entstressung des Wortes durch die Magic-Words-Intervention kann demnach auch zu einer Beruhigung dieses limbischen Alarmeffekts führen. Es gibt auch Untersuchungen, die einen Zusammenhang zwischen Reaktionen der Amygdala und einer subjektiven Abneigung gegen eine Fremdsprache aufzeigen. Bei Menschen, die eine Fremdsprache lieben und sie aktiv einsetzen, ist eher der Hippocampus aktiviert – ein ebenfalls wichtiger Bereich in unserm limbischen System, der im engen Kontakt mit guter Gedächtnisleistung und Kreativität steht.

Man könnte sagen, dass wir mit der Magic-Words-Methode mit Stress verbundene Wörter von der Amygdala zum Hippocampus „verschieben" und sie dadurch entstressen. So werden sie auch im Problemkontext mit der emotionalen Kraft von Kreativität, Gedächtnisleistung und vor allem mit subjektiver „Machbarkeit" versehen und werden zu Schlüsselwörtern für Lösungswege, zielgerichtete Energie und öffnen mentale Türen zu unseren persönlichen und beruflichen Erfolgen.

Cora Besser-Siegmund
Hamburg, im Mai 2008

Einleitung

Viel, viel älter noch als Rudyard Kiplings Aussage ist diese Bibelstelle: »*Am Anfang war das Wort, und das Wort war bei Gott, und Gott war das Wort*« (Evangelium des Johannes, 1,1). Wir Menschen haben seit jeher empfunden, daß Worte mehr sind als nur aneinandergereihte Klangfolgen, Silben und Buchstaben: »Worte hielt man früher für etwas Magisches – für heilige Laute, die zu den Dingen, die sie bezeichnen, in enger Beziehung stehen«, beschreibt der Autor *George Johnson* in seinem Buch *In den Palästen der Erinnerung*. Doch auch heute noch erleben wir tagtäglich: Wörter haben Macht.

Sie bezeichnen nicht nur Gegenstände, Namen, Gefühle, Tätigkeiten und Ereignisse, sondern sie übertragen in uns *die volle körperliche und psychische Wirkung* dieser Phänomene. »Wenn ich nur das Wort schon höre . . .« ist beispielsweise eine weitverbreitete Formulierung. Für den Körper *sind* Wörter das, was sie für den einzelnen Menschen subjektiv bedeuten. Wie sonst können kleine, schwarze Buchstaben auf einem Blatt Romanbuchpapier Tränen rollen lassen oder die Lachmuskeln in Gang setzen? Gehirnforscher bestätigen heute uneingeschränkt Kiplings Ausspruch. Tatsächlich kann ein Wort oft die gleiche Wirkung wie ein Psychopharmakum enthalten – »nur eben viel schneller und zuverlässiger«, wie es mir Professor Walter Zieglgänsberger in der Abteilung für Klinische Neuropharmakologie der Klinik des Münchener Max-Planck-Instituts für Psychiatrie in einem Interview zu diesem Thema beschrieb.

In Wirklichkeit ist der eigentliche Zauberer nicht das Wort, sondern das Gehirn. Dieses Organ speichert unsere Sprache. Doch es merkt sich nicht nur die Bedeutung oder die Rechtschreibung der einzelnen Wörter, sondern es codiert zusammen mit ihnen zuverlässig sämtliche *körperlichen und seelischen Erfahrungen*, die wir jemals mit diesem Wort in Verbindung gebracht haben. Somit belebt das gesprochene oder gedachte Wort diese Erlebnisse aus der Vergangenheit immer wieder mit der Kraft der damals aktiven Emotionen und Körperreaktionen. In der Filmsatire *Tote tragen keine Karos* muß ein ansonsten sehr kontrollierter und besonnener Detektiv von mehreren Leuten festgehalten und gebändigt werden, wenn das Wort »Putzfrau *(cleaning woman)*« zufällig fällt – egal von wem und in welchem Zusammenhang gesprochen. Er bekommt dann stets einen dramatischen Tobsuchtsanfall, weil sein Vater früher mit der Putzfrau durchgebrannt ist. Derartige Beispiele finden sich in Film und Literatur zuhauf.

Ein bloßer Name kann schon Angst einflößen – ohne daß die betreffende Person erscheint. Die Wörter SCHULE oder MATHE bewegen auch zu Hause die Schultern so manchen Schülers mutlos nach unten; das Wort Prüfung verändert schon bei den Lernvorbereitungen den Gehirnstoffwechsel und führt somit zu Konzentrationsstörungen und schlaflosen Nächten. MIGRÄNE veranlaßt die Gesichtsmuskeln, sogar an Tagen, an denen man sich gut fühlt, die Mundwinkel nach unten zu ziehen, und der Begriff STEUERERKLÄRUNG macht auch ohne den realen Anblick der Formulare depressiv. *Streßwörter* nennt man diese Boten der schlechten Verfassung.

Mit diesem Streß diktieren Wörter auch unsere Zukunft. Der beim Einschlafen schwitzende Prüflingskandidat hat vor dem Prüfungstermin eine unruhige Nacht und ist deswegen am nächsten Tag tatsächlich in schlechter Form. Das unangenehme Wort MIGRÄNE löst körperlich-reale Streßreaktionen aus und verstärkt so die Wahrscheinlichkeit einer echten Schmerzattacke. Und die hängende Schulter des Schülers läßt den Arm in der Schule nach unten baumeln, anstatt ihm beim Aufzeigen zu helfen.

Mit der MAGIC-WORDS-Methode lernen Sie, Wörter mit *gezielt eingesetzter Zauberkraft* zu »infizieren«. So wird das Wort für Seele und Körper zu einem positiven Zukunftsboten statt eines Wiederkäuers der Vergangenheit – es wird dadurch zum MAGIC WORD. Der Prüfling bekommt einen klaren Kopf und fühlt sich kraftvoll und kreativ, wenn das Wort Prüfung fällt. Das Wort Migräne wirkt befreiend und entspannend und macht plötzlich gesund. Steuererklärung erzeugt auf einmal ein Gefühl von Tatkraft und Schaffensdrang – die Formulare sind im Handumdrehen ausgefüllt. Wörter aktivieren plötzlich haargenau die *erwünschten und positiven* Programme im Gehirn. Das liest sich wie Zauberei – und ist es auch . . . fast.

Denn bei der MAGIC-WORDS-Methode wird auch nur mit Wasser gekocht. Aber das Rezept muß stimmen. Die Methode wirkt über *gezielte Gehirnbenutzung* und die direkte Ansprache unseres Nervensystems. Innerhalb einer Minute kann man den Zaubererfolg *körperlich* testen, da das Gehirn den Impuls sofort auf die Körperreaktionen überträgt.

MAGIC WORDS ist von jedermann (Mann, Frau, Kind) leicht zu erlernen. Jeder kann mit einem vergleichsweise kurzen Zeiteinsatz MAGIC WORDS für das Erreichen von Lebenszielen in den verschiedensten Bereichen nutzen: Gesundheit, Prüfung, Schule, Gefühle, Gedanken, Kommunikation gehören dazu. MAGIC WORDS ist somit die »psychologische Hausapotheke« für die Herausforderungen des Alltags.

MAGIC WORDS – Begriff und Methode sind geschützt – wurde bereits von Ärzten, Psychologen und Laien erfolgreich getestet.

Das Gehirn:
Hüter unseres Wortschatzes

Es wiegt nur drei Pfund. Dennoch sprechen die Autoren Hooper und Teresi vom *Drei-Pfund-Universum*, wenn vom Gehirn die Rede ist. Die »Daten« über dieses hochleistungsfähige Organ geben ihnen recht: Unser Gehirn steuert alle wichtigen Körperfunktionen wie Atmung, Muskelspannung, Durchblutung, Stoffwechsel, und es organisiert die Art und Weise zu denken. Es besteht aus etwa zehn Milliarden Nervenzellen. Einige Experten vermuten sogar die weitaus größere Zahl von hundert Milliarden Zellen. Jede einzelne Gehirnzelle steht über ihre verzweigten Nervenenden wiederum in Verbindung mit jeweils zehntausend anderen. So wird der vielzitierte Vergleich mit einem Computer dem Gehirn mit seinen unzähligen Möglichkeiten keineswegs gerecht. Die Gehirnforscher tendieren vielmehr dazu, *einzelne Gehirnzellen mit einem Computer zu vergleichen.* Diese komplexe »Verkabelung« auf elektrochemischer Basis mit Hilfe sogenannter Neurotransmitter- oder »Gehirnboten«-Stoffen ergibt einen enorm leistungsfähigen Informationsspeicher. Er stellt unvorstellbare Kapazitäten für die Informationsverarbeitung und Kommunikation der Körpersysteme untereinander bereit. Im Vergleich mit den Erkenntnissen über die anderen Organe unseres Körpers steht die Gehirnforschung noch vor vielen Rätseln. Woche für Woche, Monat für Monat zirkulieren unter den Wissenschaftlern immer wieder zusätzliche neue Forschungsergebnisse.

Das Gehirn sorgt dafür, daß Sie jetzt diese Buchstaben sehen, daß diese Gebilde in ihrem Gehirn als Worte identifiziert werden und zu diesen Worten dann jene Bilder und Assoziationen auftauchen, die gerade jetzt beim Schreiben dieser Zeilen in meinem Gehirn kursieren. Doch sind es wirklich ganz genau dieselben Gedanken? Obwohl wir beide im Lesen und Verstehen dasselbe Wort benutzen, können unsere Gedanken und Gefühle dazu doch – je nach individueller Lebensgeschichte und Persönlichkeit – sehr verschieden sein.

Sollten Sie zehn verschiedene Leute bitten, an einen *Baum* zu denken, so wird mit Sicherheit in den Köpfen dieser Menschen jeweils ein Baum auftauchen – jedoch werden diese Menschen an zehn *unterschiedliche* Bäume denken: an eine Tanne, Eiche, Palme, Birke, einen Kirschbaum usw. Romanhelden können mit geschickter Wortwahl noch so anschaulich geschildert sein – jeder Leser stellt sich diese fiktiven Gestalten auf seine Weise vor. Aus diesem Grund sind auch viele Kinobesucher enttäuscht, wenn ein verfilmtes Buch von ihren Phantasien allzu deutlich abweicht.

Die Lehre von der Wortbedeutung nennt man *Semantik.* Der Semantiker Korzybski schrieb schon in den dreißiger Jahren: »Worte sind nicht die Dinge, von denen wir sprechen.« Er vergleicht Wörter mit Landkarten, die ein Gebiet wiedergeben. So ist beispielsweise ein See auf der Landkarte mit einem blauen Farbfleck, nicht jedoch mit einem Tropfen Wasser gekennzeichnet. Im tatsächlichen See befindet sich dann auch keine so blaue Farbe. Dennoch erkennt der Kartenleser das Gewässer auf der Karte, da er in *der Struktur* ähnlich dem tatsächlichen Gebiet dargestellt ist. Ähnlich verhält es sich mit Gebirgen, Straßen, Ortschaften und Meeren. *Die Karte ist nicht das Gebiet* – sie gleicht diesem nur in dargestellter Form und in bezug auf den Maßstab.

Somit hat unser Gehirn mit Wörtern und der Sprache insgesamt einen gigantischen Kartenvorrat über die Wirklichkeit in uns angelegt. Dabei gestaltet jedoch jedes Gehirn seine Kartenaufzeichnungen individuell auf der Grundlage der persönlichen Lebensgeschichte. So gibt es bei echten Landkarten beispielsweise Zeichen und Farben für besonders schöne Straßen oder Aussichtspunkte. Hat nun ein Mensch ein besonders positives Verhältnis zu Hunden, ist er vielleicht gar selbst Hundebesitzer, so hat das Gehirn das Wort Hund »auf der Karte« mit Sinneswahrnehmungen für Spaß, Freizeit, Freundschaft, Treue usw. festgehalten. Leidet vielleicht schon der Nachbar unter einer ausgeprägten Hundephobie, hat dessen Gehirn dasselbe Wort mit Sinneseindrücken von Panik, Bedrohung und Angst »abgespeichert«. Trotz gravierender Erlebnisunterschiede denken beide Menschen jedoch übereinstimmend an ein vierbeiniges, bellendes Felltier, wenn vom Hund die Rede ist. Genauso kann der eine Mensch wach werden, aufblühen und die Ärmel hochkrempeln, wenn das Wort Problem fällt, während der andere wiederum beim selben Wort am liebsten weglaufen möchte.

Wörter sind also in unserem Gehirn subjektiv an unsere Gefühlswelt geknüpft. Und umgekehrt ist auch die Gefühlswelt an das Wort angeknüpft. Aber was passiert, wenn die »Landkarte« veraltet ist und die Gefühle auf das im Gehirn gespeicherte Wort, jedoch nicht mehr auf die äußere Wirklichkeit passen? Korzybski spricht in diesem Fall sogar von einer »semantischen Katastrophe«. Beispielsweise könnte der Nachbar mit der jahrzehntelangen Hundephobie mittlerweile die nötige Ausstrahlung in Gestalt und Stimme haben, um einem Hund Respekt einzuflößen. Aber die veraltete Landkarte über den Hund schränkt ihn unnötig in der persönlichen Bewegungsfreiheit ein.

Natürlich ist es richtig, vom sogenannten »Wortschatz« zu sprechen. Doch sollte damit nicht nur die Anzahl der Wörter und Ausdrücke gemeint sein, die wir beherrschen. Genauso wichtig wie die Vielfalt ist für einen Wortschatz die Notwendigkeit, daß unser Gehirn mit seinen sagenhaften Möglichkeiten die Wörter so speichert, daß sie unsere Fähigkeiten, Kräfte und Kreativität aktivieren, anstatt Schwächen und Ängste auszulösen. Deshalb macht MAGIC WORDS aus der Gesamtheit unserer verfügbaren Wörter *Schatzkarten*, die uns zu unseren Kraftquellen führen.

Die Macht der Wörter über unseren Körper

Wie kann nun ein Wort genau auf unsere Gefühle wirken und somit auch körperlichen Einfluß ausüben? Der Arzt Dr. Walter Weber stellt in seinem Buch *Der Mensch ist mehr als sein Körper* eine ähnliche Frage:»Sollte es eventuell möglich sein, daß Worte mittels Auslösung elektromagnetischer Energie auf den Menschen und dessen Körper einwirken können?« Und er bejaht schließlich seine Frage wie folgt:»Jetzt hatte ich einen eindeutigen Hinweis dafür, welch eine Energie, welch eine Kraft mit einem einzigen Wort verbunden sein kann und daß ein mit dieser Energie verbundenes Wort enorme, sogar körperliche Prozesse auslösen konnte.« Nach Webers Aussagen müßten die Wörter intensiv mit dem Körper verbunden sein. Wie kann man sich diese Verknüpfung erklären?

Ich schreibe dieses Buch in der Vorweihnachtszeit. Sie alle kennen die elektrischen Lichterketten, mit denen die meisten Menschen ihre Weihnachtsbäume schmücken. Sie schließen einen Strecker an das elektrische Netz an, und schon leuchten zwanzig und mehr elektrische Lämpchen auf einmal. Dabei muß nicht jedes Lämpchen einzeln eingeschaltet werden, denn alle hängen ja an ein und demselben elektrischen Energiekreis. Im weitesten Sinne arbeitet auch das Gehirn – bildlich gesprochen – in vergleichbaren Schaltkreisen. Diese Schaltkreise nennt man, trotz der berühmten Lichter, die uns hin und wieder an- oder aufgehen, nicht »Lichterketten«, sondern *Module*. Im

Gehirn sind diese Module jedoch nicht fest verdrahtet, sondern die einzelnen Gehirnzellen können sich immer wieder neu und anders zu sinnvollen, kohärenten Schaltkreisen kombinieren – je nach Aufgabe. Statt der »Verdrahtung« wählen die Gehirnzellen eine andere Form der Verbindung: Alle an einer Modulaktivität beteiligten Neuronen bzw. Gehirnzellen »synchronisieren ihre Entladungen zu . . .[einem] einheitlichen 40-Hertz-Rhythmus«, schreibt der Autor *Saum-Aldehoff* in der Zeitschrift *Psychologie Heute* in einem Artikel zu diesem Thema. Jene auf der 40-Hertz-Schwingung aufgebauten Schaltkreise werden im selben Artikel auch der »Gesang der Neuronen« genannt. Dieses schöne Bild kann sehr anschaulich erklären, warum ein Wort bei uns derartig intensive Emotionen und körperliche Reaktionen auslösen kann. Wenn Sie ein Lied, eine Melodie oder einen Lieblingshit sehr gut kennen, muß Ihnen ein Mitmensch nur den Titel sagen. Das reicht aus, um vor dem inneren Ohr die gesamte Melodie, komplette Textzeilen und sogar die Art der Vertonung (Instrumente, Chor) erklingen zu lassen. Gleichzeitig tauchen Erinnerungen an Erlebnisse auf, die mit diesem Lied verbunden sind: Bilder, Gefühle, ein bestimmter Geruch oder Geschmack. Auf ähnliche Weise stimmen die Module bei einem einmal gesagten Wort den kompletten mit diesem Wort verbundenen »Gesang« an.

Dabei reicht der »Gehirnzellen-Gesang« in weit auseinanderliegende Gehirnareale hinein, und die einzelnen beteiligten Module können sogar über die Gehirnhemisphären hinweg funktionieren. Saum-Aldehoff sagt weiter zu diesem Thema: »Dabei geht dieses Modul nicht vor wie ein Maurer, der sein Werk Stein für Stein zusammensetzt. Eher arbeitet es wie ein raffinierter Detektiv, der sich aus Indizien und mit Tricks ein Bild der Lage verschafft.« Sie können diese Detektivarbeit gleich jetzt testen. Was könnten folgende Zeichen bedeuten?

Natürlich: Es ist das Wort Auto, welches Sie aus diesen Gebilden rekonstruiert haben. Ein Computer mit einem üblichen

Wortprogramm hätte diese Aufgabe mit folgender Begründung nicht bewältigen können: »Diese Zeichen habe ich noch nie gesehen, also kenne ich sie nicht.« Das Modul oder die Module im Gehirn hingegen fangen nach der Feststellung: »Das kenne ich nicht« *erst mit der Arbeit an*, anstatt hier schon abzubrechen. Sie vermuten hinter der Darstellungsform eine Regel: »Vielleicht sind die Gebilde unvollständige Buchstaben. Ich versuche einmal, diese Bruchstücke weiterzumalen und mit den mir schon bekannten Formen zu vergleichen.« Einen derartig kreativen und selbständigen Umgang mit »Indizien« vermag in dieser Form nur das Gehirn zu bewältigen.

An ein und demselben Erkennungsprozeß sind in der Regel gleich mehrere Module parallel beteiligt. Bei MAGIC WORDS nennen wir diese gleichzeitig arbeitenden Schaltkreise *Modulprogramm*. Sie können die Wirkung und Arbeitsweise dieser Modulprogramme wieder sofort testen. Strecken Sie die Arme in die Höhe, schauen Sie nach oben, und sagen Sie dabei laut: »Ich bin depressiv!« Wie empfinden Sie dieses Experiment? Nun, neun von zehn Leuten sagen spontan: »Die hochgereckten Arme und das Wort ›depressiv‹ passen ja gar nicht zusammen! Arme und Schultern müssen bei diesem Wort doch hängen.«

Woher aber wissen wir spontan, wo die Arme sein müssen, wenn das Wort »depressiv« fällt? Diese Information hängt genau in demselben Modulprogramm, in dem auch das besagte Wort verschaltet ist. Die einzelnen »Lichter« dieser Kette oder der beteiligten *Module* sind die energetischen Felder folgender Gehirnaktivitäten:

Wortbedeutung	Was ist das, »depressiv«?
Innere Bilder	Wie sieht ein depressiver Mensch aus?
Weitere Assoziationen	Zum Beispiel: »War ich selbst schon einmal depressiv?« Oder: »Was habe ich schon alles darüber gelesen?«
Rechtschreibung	Schreibt man »depressiv« mit »f« oder »v«?
Klang (Hören)	Wie hört sich das Wort an?
Muskelaktivierung und Motorik	Welche Körperhaltung verbinde ich mit »depressiv«?
Atmung	Welche Atmung paßt zu »depressiv«?
Stoffwechsel	Welches Stoffwechselprogramm bewirkt beispielsweise die schlaffe Muskulatur der hängenden Schultern?
Steuerung der Zunge	Wie genau muß sich die Zunge bewegen, damit ich dieses Wort aussprechen kann?

Diese Beispiele beschreiben nur einige der »Lichter«, die in dem »Depressiv-Schaltkreis« an ein und demselben »Netz« oder *Modulprogramm* hängen. Rein technisch betrachtet sind die verschiedenen Gehirnbereiche, die mit diesem Modul verbunden sind, vergleichbar mit den Glühbirnen der Lichterkette; sie arbeiten also *gleichzeitig* und nicht etwa getrennt voneinander aktiv. Das Wort »depressiv« ist demnach nur ein kleines Licht in einem großen *Modulprogramm*, welches durch weite Regionen des Gehirns reicht – auch bis in die Zentren der Körpersteuerung. Da nun wiederum das Gehirn über seine Steuerfunktion untrennbar mit dem Körper verbunden ist – schließlich ist es ein Bestandteil desselben –, beeinflussen sämtliche Aktivierungen dieses wichtigen Organs gleichzeitig auch die Körperfunktionen.

Dieses Wissen kennen die meisten Leser sicher schon aus dem

Spitzensport. Dort trainiert man schon seit vielen Jahren nicht nur körperlich, sondern auch im Geiste – Mentaltraining nennt man diese »Disziplin«. Das aktive und konzentrierte Üben beispielsweise einer bestimmten Bewegung *nur in der Vorstellung* hat nachweisbar einen handfesten Trainingseffekt auf die körperliche Geschicklichkeit. Vielleicht haben Sie im Fernsehen schon einmal gesehen, wie Eisbobfahrer vor jedem Rennen für kurze Zeit innehalten und die verschiedenen Kurven der Abfahrt sorgfältig *im Geiste* noch einmal durchfahren. Bei der rasenden Geschwindigkeit selbst zahlt sich dieses Mentaltraining dann in einem gesteigerten realen körperlichen Reaktionsvermögen aus, da mit dem geistigen Training parallel und gleichzeitig alle beteiligten Module, also das gesamte für das Eisbobfahren angelegte Modulprogramm, durch die Mentalimpulse gestärkt und aufgeladen wurden. Jede wiederholte Nutzung eines solchen Programms – und sei es die Aktivierung im Geiste – verstärkt und verfestigt die Kohärenz der zusammenarbeitenden Zellverbände. Die Erinnerungsspuren in den einzelnen Zellen werden gestärkt.

Auf der Modulebene ist also jedes Wort im Gehirn auch mit Körperreaktionen »verschaltet«. Somit ist es eigentlich kein Wunder, daß Wörter reale Körpergefühle und -reaktionen auslösen können. Denn es ist ja auf gehirnorganischer Ebene auch eine körperliche Leistung, daß wir Wörter behalten, entwickeln, benutzen und in immer wieder neue Zusammenhänge stellen. Jedes Wort wird also mit Hilfe körperlicher Energie in uns »programmiert«. Insofern haben Wörter tatsächlich Macht, da sie mit dem Körper etwas »machen« – aber auch von ihm »gemacht« sind.

Walter Weber beschreibt diese Zusammenhänge in folgendem Erklärungsmodell: »Das Ich des Menschen hat mittels Wörtern und Vorstellungsweisen beziehungsweise deren Inhalten einen Zugriff auf den Energiebereich. In Anlehnung an das Computermodell können wir diesen Bereich als Software (Gedanken,

Vorstellungen, Wörter) bezeichnen. Der Energiebereich wiederum hat einen Zugriff auf das gesamte Nervensystem – gemeint sind hier das zentrale und das periphere Nervensystem. Das so beeinflußte System, also das Gehirn und die Nervenfasern, sendet die Impulse über das Rückenmark zu den entsprechenden Organen, den Drüsen, dem Bewegungsapparat und so weiter. Schließlich wird der vom Ich ausgegangene Impuls nach zahlreichen Umwandlungen zum ›Erfolgsorgan‹, der Körperzelle, weitergeleitet und regt hier organischchemische Prozesse an.«

Bei MAGIC WORDS fassen wir diese »Wort-Macht« auf den Körper als ein positives Phänomen auf. Die Macht der Wörter ist eigentlich die *Macht der Module*. Jedes Wort kann jetzt so »verzaubert« werden, daß sich sein Machtpotential mit gesunden, körperlichen Kraftreaktionen, also mit positiven *Modulprogrammen* verknüpft. Erinnern Sie sich daran, daß ja die Gehirnzellen eben nicht in den gebildeten Modulen »fest verdrahtet« sind, sondern immer wieder auch mit anderen Schaltkreisen neue und andere »Gesänge« anstimmen können. Dieses Potential der Neuverschaltung oder auch »Umbahnung« nutzen wir bei der MAGIC-WORDS-Methode. Wir nutzen dabei die Tatsache, daß das Gehirn eines jeden Menschen mit seinen sagenhaften Kapazitäten bereits aus zahlreichen Erfahrungen heraus eine Unmenge positiver und kraftspendender Module oder »Gesänge« angelegt hat, die bei vielen von uns zu wenig genutzt werden. Diese brachliegenden Potentiale kann jeder in sich wecken und nutzbar machen.

Das Neurolinguistische Programmieren: Eine »Gebrauchsanweisung« fürs Gehirn

Gibt es das überhaupt, eine Gebrauchsanweisung fürs Gehirn? Kann man also das Gehirn bewußt und gezielt ansprechen, um Wünsche und Ziele zu erreichen? Ja, man kann. Um diese Zusammenarbeit zu realisieren, müssen wir lernen, uns regelrecht mit unserem Gehirn zu unterhalten. Jede persönliche Veränderung wird nämlich von diesem enorm leistungsfähigen Organ organisiert. Ob Sie neu und anders denken, positiv auf andere Menschen zugehen, weniger Angst haben, mehr Selbstbewußtsein entwickeln, eine Fremdsprache erlernen, gut in der Prüfung oder im Sport sind – das Gehirn ist stets die höchste Instanz für diese Entwicklungen.

Hier möchte ich die Methode vorstellen, aus der ich MAGIC WORDS abgeleitet habe und mit der es heutzutage sicher am besten möglich ist, sich effektiv und positiv zu verändern: das Neurolinguistische Programmieren, abgekürzt NLP. Das NLP wurde in den siebziger Jahren in den USA von dem Mathematiker und Psychotherapeuten Richard Bandler und dem Linguisten John Grinder entwickelt. Diese Methode hilft uns, einen direkten Zugang zu unserem Gehirn und unserem Nervensystem zu finden und uns mit ihm über die Veränderung, die es in uns organisieren soll, in seiner Sprache zu »unterhalten«. Unser Nervensystem reagiert vor allem auf *Nervenreize*, wie Bilder und Farben, Geräusche und Klänge, Körpergefühle, Gerüche und Geschmack. Dabei lösen nicht nur von außen kommende Erlebnisse Reaktionen aus, auch innere Prozesse wie Gedanken und bildhafte Vorstellungen können uns genau wie äußere Wahrnehmungen – genauer gesagt: Nervenreize – lustig und traurig machen, uns beruhigen oder aufregen. Viele Menschen wissen recht gut, wie sie äußere Sinneseindrücke selbst beeinflussen können. Ist es beispielsweise dunkel, kann man Licht oder eine Kerze anmachen. Aber wo ist bitteschön der »Schalter« bei finsteren Gedanken auf der Suche nach dem »hellen Köpfchen«?

Gerade auf diese inneren Prozesse, auf die Gehirnwelt, müssen wir einen Einfluß bekommen, wenn wir uns und auch andere Menschen verändern möchten. Bandler vergleicht hier das Gehirn mit einem PS-starken Bus. Es sei nur die Frage, ob der Busbesitzer auf der Rückbank sitzt und sich wundert, wo sein Bus immer hinfährt, oder ob er nach vorn geht, sich ans Steuer setzt und selbst die Richtung bestimmt. Das Steuer ist dann die Sprache. Sprache besteht aus Wörtern, und Wörter können »Schalter« für Veränderungen sein. Diese Zusammenhänge sind in dem Namen NLP ausgedrückt.

Der Wortanfang »Neuro« steht für die Tatsache, daß jedes menschliche Verhalten und jeder Körperzustand im Gehirn durch nervliche (neuronale) Verknüpfungen repräsentiert werden. Hiermit sind die Verbindungen zwischen den Gehirnzellen (Neurone) gemeint, die sich bei jedem Lernen, jeder persönlichen Weiterentwicklung ständig neu- und umbilden. Sogar die Chemie des einzelnen Zellkörpers verändert sich bei diesen inneren Prozessen.

»Linguistisch« bedeutet, daß wir über diese Verknüpfungen mit Hilfe unserer Sprache kommunizieren können. Denken Sie hier noch einmal an den Test mit dem Satz: »Ich bin depressiv«, der diesen Zusammenhang sehr anschaulich bewußt macht. An ein gespeichertes Wort sind über die *Module* auch alle körperlichen Erinnerungen gekoppelt, die jemals im Zusammenhang mit diesem Wort gemacht wurden.

»Programmieren« bezeichnet die Möglichkeit für uns Menschen, mit Hilfe der Sprache Gedanken zu starten, die dann rückwirkend wiederum die neuronalen Verknüpfungen eines blockierenden »Programms« schwächen und die entsprechenden Impulse in eine gewünschte Richtung umprogrammieren. Das sind dann Gedanken und Worte, die Kraft und Selbstbewußtsein geben, die die innere Welt mit ihrer pharmakologischen Kraft bunt und hell machen und so positiv auf Gefühle, Körper und die Gesundheit wirken.

Die »Erfinder« des NLP, Bandler und Grinder, hatten über Jahre die sogenannten »Zauberer« unter den Therapeuten der verschiedenen großen Psychotherapieschulen Amerikas in ihrem Kommunikationsverhalten untersucht. Zu ihnen zählten Carl Rogers, Virginia Satir, Fritz Pearls, Gregory Bateson und der bekannte Hypnosearzt Milton Erickson. Bandler und Grinder war aufgefallen, daß diese »Zaubertherapeuten« oft gar nicht richtig beschreiben konnten, warum sich Menschen durch ihre therapeutische Arbeitsweise so effektiv verändern konnten. So stellten sich die beiden eine interessante Frage: Kann es sein, daß diese großen Therapeuten in ihren Trainings und Büchern lediglich Strategien weitergeben, von denen sie nur glauben, daß sie erfolgreich sind – daß aber das eigentliche Geheimnis ihres Erfolges Kommunikationsmuster sind, von denen sie gar nicht wissen, daß sie sie beherrschen und einsetzen?

Als Antwort fanden Bandler und Grinder heraus, daß die scheinbar magischen Fähigkeiten dieser Therapeuten aus nachvollziehbaren und erlernbaren Strukturen zusammengesetzt sind. Alle erfolgreichen Therapeuten erreichen unabhängig von der Therapiemethode letztendlich bei ihren Klienten das gleiche Ergebnis: Sie zielen auf die innere Welt ab, also auf *das Bild von der Welt*, wonach der Klient innerlich lebt; dieses wird gestärkt und positiv verändert. Ein Ergebnis ist nur auf der Grundlage *neuronaler Veränderungen im Gehirn möglich*. Demnach finden diese »Zaubertherapeuten« intuitiv die richtige

Ansprache für das Gehirn ihres Gegenübers. Unabhängig von der vertretenen Therapieschule verhalten sich also erfolgreiche Therapeuten in ihrer Haltung anderen Menschen gegenüber intuitiv ähnlich. Bandler und Grinder faßten diese Ähnlichkeiten zu nachvollziehbaren Lernschritten zusammen. Aus dieser Zusammenfassung entstand das NLP.

Die »Zaubertherapeuten« sprachen beispielsweise gezielt brachliegende Kraftquellen und Fähigkeiten bei ihren Klienten an und machten ihnen diese bewußt. Sie waren hervorragende Beobachter der Körpersprache. Schon beim einzeln gesprochenen Wort erfaßten sie sekundenschnell die körperliche Reaktion ihres Gegenübers auf den sprachlichen Inhalt. Sie konnten sich alle sensibel und flexibel auf die unterschiedlichen Menschen, die ihnen gegenübersaßen, einstellen. Genauso individuell entwickelten sie für die spezielle Persönlichkeit ihrer Klienten *maßgeschneiderte* Interventionen. Beispielsweise fand eine unserer Schmerzpatientinnen durch das NLP heraus, daß sie sich beim Gedanken an ein *Makrelenbrötchen* optimal entspannen konnte. Allein das Wort versetzte sie in gute Laune und entspannte sie, ohne daß besagtes Brötchen real vorhanden sein mußte. Die Entspannungsreaktion war so stark, daß sie damit ihre Kopfschmerzen in der Intensität selbst beeinflussen oder gar ganz abbauen konnte. Mit dem autogenen Training, welches sie auch zu erlernen versuchte, hatte sie nicht annähernde Erfolge. Denn standardisierte Verfahren, wo alle Menschen die gleiche Art von Entspannung lernen müssen, können gar nicht bei jedem wirken. Dazu sind sie in Lebensgeschichte, Temperament und Charakter einfach zu verschieden.

Diese *maßgeschneiderten* Interventionen im NLP wirken eher wie geistiges Judo: Anstatt den Widerstand in der Therapie zu brechen, wird der Widerstand sogar in den Heilungsprozeß mit eingebaut. Man sagt also nicht: »Sie müssen sich noch mehr anstrengen, das autogene Training zu lernen«, sondern man erarbeitet: »Bei welcher inneren Vorstellung können *Sie speziell* sich am besten entspannen oder wohl fühlen – selbst wenn das bei keinem anderen Menschen ebenso wirkt?«

Wenn Sie sich aufgrund dieser Zusammenfassung näher mit dem NLP beschäftigen möchten – was ich Ihnen nur empfehlen kann –, finden Sie im Anhang dieses Buches diesbezüglich etliche Literaturhinweise.

Für die MAGIC-WORDS-Methode gehe ich im nächsten Kapitel auf einen speziellen Interventionsbereich des NLP ein: die konstruktive Beschäftigung mit unseren fünf Sinnen.

Wörter und die fünf Sinne

Im Kapitel über das Gehirn erwähnte ich bereits, daß dieses leistungsfähige Organ auf der Grundlage unserer fünf Sinne arbeitet: Sehen, Hören, Fühlen, Riechen und Schmecken. Für diese Sinneswahrnehmungen gibt es über den Körper verteilt die entsprechenden *Sinnesorgane* (Augen, Ohren, Nase, Zunge, Körper), die wiederum mit *Sinnesrezeptoren* ausgestattet sind. Die einzelnen Sinnesqualitäten werden im NLP *Sinneskanäle* genannt. Die Rezeptoren melden dem Gehirn alle äußeren Erlebnisse über die jeweiligen Sinneskanäle zurück. So kann beispielsweise eine Rose über verschiedene Kanäle informieren: Sie hat eine bestimmte Farbe (sehen), verbreitet einen Duft (riechen) und piekst beim Anfassen (fühlen). Wenn man wollte, könnte man diese Blume auch hören (das Rascheln eines Straußes) oder sie – sicher eher etwas für Extravagante – sogar schmecken.

Haben Sie zur Zeit eine Rose in der Hand? Nein, denn höchstwahrscheinlich sind Ihre Hände mit dem Halten und Umblättern der Seiten dieses Buches beschäftigt. Dennoch haben Sie gerade eben beim Lesen eine Rose vor sich gesehen – *vor dem inneren Auge*. Vielleicht haben Sie sogar innerlich das Pieksen der Dornen nachempfunden – ohne daß ihre Finger auch nur im entferntesten real verletzt wurden. Wir benutzen unsere fünf Sinne also auch zum inneren Verstehen von Zusammenhängen. Konzentrieren Sie sich beispielsweise jetzt darauf, in der Vorstellung reinen Zitronensaft zu schmecken,

32

und bestimmt registrieren Sie schon nach wenigen Sekunden *auf den reinen »Gedankengeschmack«* hin einen vermehrten Speichelfluß. Auch innere Sinneswahrnehmungen lösen also handfeste Körperreaktionen aus.

Bandler und Grinder sagen, daß wir alle inneren Prozesse wie Gedanken, Ideen, Pläne, Befürchtungen und Erinnerungen in einem regen, inneren Sinneserleben durchlaufen. Auch unsere Sprache drückt dieses internale (innere) Sinneserleben lebhaft aus: Wir malen uns die Zukunft in den *buntesten Farben* aus oder haben *Krach* mit dem Chef. Die eine Bluse ist nicht *nach unserem Geschmack*, jedoch kann ein anderes Kleidungsstück für uns eine wahre *Augenweide* sein. Bei einer bestimmten Aufgabe fehlt vielleicht *der Durchblick*, und das kann einem schon mal *stinken*. Dann finden wir das Leben *schwer* und sehnen uns nach *Erleichterung* oder einem Hoffnungs*schimmer*.

Wir benutzen demnach die inneren Sinneserlebnisse zur bildhaften Beschreibung von unseren Gefühlen. Wenn ich sage: »Ich hab's schwer«, wird kaum jemand vermuten, ich würde einen Sack Kohlen oder sonst ein reales Gewicht schleppen. Obwohl ich nichts Schweres trage, weiß dennoch mein Gesprächspartner, welches Gefühl ich mit dieser Beschreibung ausdrücken will. Es nimmt auch keiner an, daß ich die Bluse, welche nicht nach meinem Geschmack ist, jemals durchgekaut oder sonstwie am Stoff genuckelt habe. Innere Sinneseindrücke sind also nicht tatsächlich identisch mit einem Inhalt, sondern sie *transportieren* in der Kommunikation als Wort oder als Erlebnis einen inneren Zustand. Künstler haben es von jeher verstanden, ihre inneren Sinneserlebnisse durch Bilder, Musik oder sonstige Kunstwerke darzustellen. Schon von den Farben, vom Licht- und Schattenspiel her können Laien nachempfinden, ob ein Bild eher einer deprimierten oder einer optimistischen Stimmung entspricht. Ebenso regt Musik unsere Gefühlswelt an. Schaut jemand im Nebenraum einen Film an, können Sie intuitiv – ohne die Handlung mitzusehen – über die Filmmusik erahnen, was zur Zeit gerade passiert: Jemand wird umgebracht, ein Liebespaar findet zusammen, ein Verbrecher wird gejagt. Die Musik transportiert das Gefühl, welches zu den Bildern paßt.

Bandler beschreibt in seinem Buch *Using your brain for a change* (übersetzt heißt das sinngemäß: »Benutze [einmal zur Abwechslung] dein Gehirn für eine Veränderung«; dt. Titel: *Veränderung des subjektiven Erlebens*), daß vor allem auch die unterschiedlichen Qualitäten der einzelnen Sinneskanäle in einem engen Zusammenhang mit unserem Gefühlsleben stehen.

Im Bereich *Sehen* können wir uns eine regelrechte Kameraführung bei unseren »Gehirnfilmen« vorstellen. Die Aussage: »Das ist mir sehr nahegegangen« deutet auf eine innere Großaufnahme der Ereignisse hin. Bei der Aussage: »Mir wächst die Arbeit über den Kopf« ist sogar von einer Maßstabsverzerrung die Rede. Der erlebende Mensch fühlt sich wesentlich kleiner, als er real ist, und das Arbeitsmaterial wird im inneren Erleben stark vergrößert abgebildet. Entscheidend sind auch alle Variationsmöglichkeiten, die wir normalerweise von der häuslichen Fernbedienung des Fernsehers her kennen. Schwarzweißbilder wirken eher sachlich, bunte Bilder lösen eher Gefühle aus. Für manche Menschen hingegen wirken bedrohliche Vorstellungen als Schwarzweißbild unheimlicher als beispielsweise die gleiche Darstellung in Pastellfarben. Oft können wiederum Neonfarben – also grelle Farbtöne – Ängste verstärken. Auch das Spiel mit hell und dunkel löst deutliche Gefühlsunterschiede aus. So werden depressive Gefühle oft mit Dunkelheit in Verbindung gebracht, freudige Ereignisse hingegen in »den schönsten Farben« und hell ausgemalt oder in der Erinnerung abgebildet. Denken Sie nur an Wörter wie »Erleuchtung«, »Gedankenblitz« oder gar die »Ausstrahlung«, die gewisse Menschen haben sollen. Jeder Mensch reagiert auch hier individuell.

Ähnliche Gefühlsunterschiede löst auch das Reich der *Töne* aus. Innere Stimmen, Klänge und Geräusche verursachen ebenso

Gefühlsreaktionen wie äußere »Ohrberührungen«. Hören Sie einmal genau zu, wie ein genervter Schüler das Wort »Mathe« nur ausspricht – als würde man ein Auto mit einer altersschwachen Batterie starten. Viele Prüflinge rufen sich unbewußt auf ähnliche Weise innerlich das Wort »Prüfung« wie in einem schrecklichen Horrorfilm ab: mit hallendem Echo, welches vom Nebel verschluckt wird. Kinder neigen dazu, ein Wort, welches etwas besonders Schönes bedeutet, spontan zu singen: Ferien, Ferien! Das wissen auch die Werbefachleute zu nutzen. Denken Sie nur an viele Reklameslogans, die vor allem Kinder ansprechen sollen: »Haribo macht Kinder froh!« Schon hören Sie die gesungenen Worte vor dem geistigen Ohr. Machen Sie jetzt ein Experiment: Hören Sie den Haribo-Slogan wie von einem stark leiernden Tonband. Die Töne klingen tiefer und länger, und der Rhythmus ist verlangsamt. Plötzlich hat der Slogan seine hüpfende Fröhlichkeit eingebüßt. Die Wörter selbst haben wir nicht verändert. Allein die veränderte Hörqualität hat unser Gefühl verändert.

Wir könnten diese Überlegungen an dieser Stelle seitenlang fortsetzen. Schauen Sie doch bei näherem Interesse in Bandlers Buch *Using your brain for a change*. Im Deutschen heißt das Buch, wie schon erwähnt, *Veränderung des subjektiven Erlebens*. Mich hatte nun bei meiner Arbeit interessiert, *wie genau* das Gehirn ein Wort codiert bzw. eine »Landkarte« anlegt, damit es genau das Gefühl auslöst, welches der jeweilige Mensch individuell mit diesem Wort verknüpft. Diese Leistung geht über das bloße Abbilden eines Wortinhaltes hinaus. Helmut Kohl ist beispielsweise nicht nur der große, schwergewichtige Kanzler der Einheit unserer Bundesrepublik. Für einen großen Teil der Deutschen ist er ein bewundernswerter, für einen anderen Teil der hiesigen Bevölkerung hingegen ein ablehnenswürdiger Politiker. Der im Gehirn gespeicherte Name Helmut Kohl sollte nun in Bruchteilen von Sekunden über die sachliche Information hinaus auch die individuelle subjektive Codie-

35

rungsleistung erfüllen, sonst könnte keine sinnvolle Kommunikation, kein mit Wörtern verknüpfter Gedankengang zur Meinungsbildung und zum Meinungsaustausch beitragen. Entsprechend muß ein Wort wie ein Auslöser die Aktivität von parallel aktiven *Modulen* im Gehirn zünden. Dieses *Modulprogramm* steht dann auch für ein *Gefühl*, das zu dem Wort paßt, für ein *Bild* (Bedeutung des Wortes) und für ein bestimmtes *Hören* (Aussprache und Wortklang). Vielleicht wird sogar eine Assoziation zu einem *Geruch* oder *Geschmack* hergestellt. Diese Sinneswahrnehmungen existieren nicht getrennt voneinander, sondern *entsprechen* sich gegenseitig und bilden eine zusammengehörige Kombination, die die subjektive Einstellung zum Wort garantieren. Sie beziehen sich auf ein und dasselbe Phänomen, wobei die einzelnen Sinneskanäle die unterschiedlichen Puzzlesteine zum Gesamtbild der objektiven und subjektiven Wortbedeutung beisteuern. Demnach sind wir schon wieder bei den fünf Sinnen gelandet.

Bei meiner Arbeit habe ich festgestellt, daß Menschen innerlich verschiedene Wörter je nach Bedeutung auch ganz unterschiedlich abbilden. Die Anfrage zu diesem Wahrnehmungsvorgang lautet:»Wenn Sie sich dieses Wort *geschrieben* vorstellen – wie genau machen Sie das? Beispielsweise eher gedruckt oder eher geschrieben? Wie groß sind die Buchstaben? Haben die Buchstaben eine Farbe?« Die jeweiligen Antworten passen meistens zum subjektiven Erleben, welches dieses Wort auslöst. So sehen die meisten Menschen beispielsweise angstbesetzte Wörter oder Personennamen in großen dunklen oder schwarzen Druckbuchstaben vor dem geistigen Auge. Von vielen Erwachsenen wird auch berichtet, daß das problematische Wort in der Schreibweise der Grundschule auftaucht: kindlich-ordentlich hingeschrieben. Dabei hat die jeweilige Person heute eine ganz andere Handschrift. Das ist erstaunlich, da ja die Schulzeit schon Jahre und Jahrzehnte zurückliegt. Doch kann man ahnen, warum das Gehirn diese visuelle Codierung anbietet: Die

Schulzeit steht symbolisch vielleicht auch für Zwänge und Ängste, für »Sich-klein-Fühlen«. Insofern ist die Abc-Schützen-Schreibweise schon der richtige Auslöser für das betreffende Angst-Modulprogramm.

Ähnlich aussagekräftig sind die *Klänge*, mit denen die befragten Klienten die einzelnen Worte vor dem geistigen Ohr hören. Erinnern Sie sich an das Haribo-Beispiel. Ebenso klanglich verzerrt können unbewußt auch viele Wörter vor dem geistigen Ohr »erscheinen«. Ein junger Mann wollte beispielsweise liebend gern mehr Pünktlichkeit an den Tag legen. Auf meine Anfrage hin stellte er das erste Mal fest, wie er sich dieses Wort im Klang innerlich abruft: in einem männlich-lauten, unangenehmen Kasernenstakkato. Kein Wunder, daß er innerlich diesem unangenehmen Klang, der dieses Wort zum *Streßwort* machte, entfliehen wollte. Als wir uns vorstellten, daß ein Kind, wie beim Haribo-Lied, Pünktlichkeit singen würde, wurde das Wort zum sympathischen MAGIC WORD: Er hatte keine Probleme mehr mit korrekter Zeiteinhaltung.

Wörter können aber auch aufgrund ihrer Konsistenz unterschiedlich wirken. Runde Formen werden in der Regel vom Gefühl her wesentlich angenehmer als eckige erlebt. Bunt geschriebene Wörter fördern gelassene und positive Reaktionen. Das gilt jedoch nicht für alle Personen. Es gibt auch einige Menschen, die bestimmte Wörter gern in eckigen Druckbuchstaben sehen. Das wirkt auf sie »klassisch« oder »sicher«. Viele Menschen sehen ein Wort auch wie aus Stein geschlagen oder mit Sahne gespritzt und fühlen sich bei diesen Vorstellungen gestärkt oder wohl.

Genauer gesagt: Es existieren genauso viele Möglichkeiten der subjektiv gefärbten Wortdarstellung, wie es Sinneswahrnehmungen gibt – und das ist unendlich viel. Noch vielfältiger sind die individuellen Reaktionen auf die zahlreichen Sinneswahrnehmungen.

Bevor wir nun genau erarbeiten, mit welcher Methode welche

Wörter am besten nach unseren bewußten Wünschen verändert werden können, beschreibe ich noch, wie Sie den Zusammenhang zwischen Wörtern und ihrer direkten, individuellen Wirkung auf unsere Körperkraft am eigenen Leibe erleben können.

Die Wortkraft körperlich erleben:
Der O-Ringtest

Es gibt einen faszinierenden körperorientierten Therapieansatz, der sich *Kinesiologie* nennt. Diese Methode basiert auf der Erkenntnis, daß unsere gesunden Muskeln in Sekundenschnelle ihr Kraftvermögen ändern können. Diese Veränderungen unterliegen offenbar einem einfachen Schema: Unter dem Einfluß positiver Wörter und Gedanken sowie bei Hautkontakt mit für den Körper gesunden Gegenständen oder Substanzen erreichen die Muskeln ihre volle Kraft. Bei negativ besetzten Wörtern und Gedanken oder bei Hautkontakt mit negativen Substanzen und Gegenständen reagieren die Muskeln mit spontaner Schwäche. Wenn ich nun vom *Muskeltest* spreche, meine ich nicht, daß der Muskel selbst getestet wird. Nein, man benutzt den gesunden Muskel in der Kinesiologie als *aktiven Tester* äußerer und innerer Einwirkungen auf Körper und Seele. Er sagt uns durch seine Reaktion, was uns guttut und was nicht. Inzwischen gibt es ein Gerät auf dem Markt, welches den Muskeltest objektiv durchführt. Doch kann jeder mit nur sehr wenig Aufwand lernen, den Muskeltest von Mensch zu Mensch durchzuführen. Die Ergebnisse sind nach unseren zahlreichen Tests und nach den Aussagen des Herstellers die gleichen. Natürlich haben wir im ganzen Körper Muskeln. Hiervon wählt man für den Muskeltest einen Muskel aus, der sich besonders gut für das Anzeigen der spontanen Veränderungen der Muskelkraft eignet. Man spricht dann vom sogenannten

Indikatormuskel. Er demonstriert im Test die Veränderung. In der Kinesiologie wird meist die Kraft des seitlich ausgestreckten Armes einer stehenden Person getestet. Dabei versucht eine zweite Person, Ihren Arm nach unten zu drücken. Wir selbst bevorzugen den *O-Ringtest*, weil er besser handhabbar ist und im Sitzen durchgeführt werden kann. Der O-Ringtest wurde von dem in New York lebenden Arzt und Akupunkturspezialist J. Omura entwickelt.

Zur Durchführung bedarf es außer der eigenen noch einer zweiten Person, die den Test mit Ihnen durchführt, und einer modernen, batteriebetriebenen Armbanduhr. Doch diese Person muß nicht auf der Stelle her. Lesen Sie erst einmal in Ruhe alles über diesen Test, und verschieben Sie die Umsetzung auf später.

Sie setzen sich bei diesem Test bitte vollkommen körpersymmetrisch (z. B. *nicht* die Beine überschlagen, *nicht* den Kopf schiefhalten, sondern geradeaus schauen usw.) auf einen Stuhl; zwischen beiden Knien und Füßen bleibt ein kleiner Abstand. Die andere Person, die als Tester fungiert, sitzt rechts oder links neben Ihnen. Sie *beide* dürfen zunächst *keine Batteriearmbanduhr tragen.* Mit Daumen und Zeigefinger Ihrer dem »Tester« zugewandten Hand bilden Sie bitte einen festen, runden Ring. Sie halten dem Tester diesen angespannten »Muskelring« hin, damit er Ihre Kraft überprüfen kann. Handfläche und Fingerspitzen zeigen dabei nach oben. Auf ein Zeichen von Ihnen – zum Beispiel »jetzt« – versucht er, mit beiden Händen Daumen und Zeigefinger auseinanderzuziehen.

Dabei müssen Sie beide ein Gefühl für Ihre *individuelle Kraft* entwickeln. Es geht hier um die Frage, wie stark und stabil sich der Muskel zusammenzieht, um die Finger zusammenzuhalten. Es dürfte einleuchten, daß die Kraft beispielsweise eines Kindes eine andere ist als die eines ausgewachsenen Bodybuilders. Beim zweiten Durchgang sollen der Tester und Sie einen Erfahrungswert für die *individuelle Schwächereaktion* Ihrer Mus-

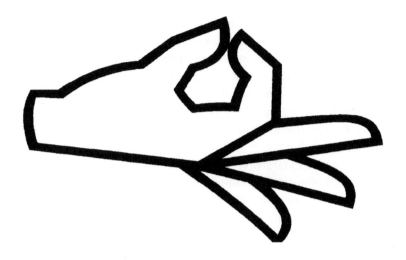

keln entwickeln. Nehmen Sie eine Batterieuhr in die andere geschlossene Hand, so daß die Handflächen Kontakt mit den Metallanteilen der Uhr bekommen. Jetzt bilden Sie mit der Testhand wieder den Muskelring. Der Tester wiederholt die Kraftprobe. Diesmal geht bei neun von zehn Personen der kräftig gehaltene Ring im Gegensatz zu vorher »wie Butter« auf. Sie haben das Gefühl, als würde Ihr Befehl zum Halten bei den Fingern Ihrer Hand nicht richtig ankommen.

Die meisten Menschen sind sehr verblüfft über dieses Erlebnis, zumal der Muskelring wieder kräftig hält, wenn man andere Dinge als eine Batterieuhr in die Hand nimmt, beispielsweise einen Edelmetallring. Die Muskelschwäche wird durch das elektromagnetische Energiefeld der Batterie der Uhr ausgelöst, das über die Metallberührung auf Ihre Haut und somit in den Körper geleitet wird. Wenn Sie willentlich Daumen und Zeigefinger zu einem Ring schließen wollen, muß dieser Gedanke irgendwie vom Kopf in die ausführende Hand gelangen. Er nimmt diesen Weg über Ihre Nervenbahnen. Der sogenannte Nervenimpuls wird auf elektrochemischem Wege weitergeleitet. Die Nervenbahnen selbst enden direkt auf den einzelnen Muskelfasern und »sagen« durch eine bestimmte Stoffwechselkombination dem Muskel, daß er sich schließen oder öffnen soll – je nachdem. Die Batterie der Uhr stört offensichtlich nach physikalischen Gesetzen die elektrochemische Balance der Nervenbahnen, so daß der eigentliche Befehl nur noch mit verminderter Kraft auf den Muskel trifft. Manche Menschen reagieren schon beim ersten Durchgang, bei dem eigentlich Kraft gemessen werden soll, mit Schwäche. Die Finger wirken kraftlos und können den Ring nicht halten. Ist dies bei Ihnen der Fall, sollten Sie Ihre *Thymusdrüse stimulieren.* Diese – wie man in der Medizin heute weiß – für unser Immunsystem und die allgemeine Körperkraft bedeutsame Drüse befindet sich hinter dem Brustbein. Klopfen Sie mit der lockeren Faust leicht auf den zirka zehn Zentimeter oberhalb der Brust befindlichen Bereich hin und her. Wer nicht weiß, wie das geht, schaut sich noch einmal einen Tarzan-Film an. Tarzan trommelt sich bei seinem berühmten Schrei sogar mit beiden Fäusten an diese wichtige, kraftspendende Stelle. Sie wählen dann die oben geschilderte moderate Form – ohne Schrei. Statt eines auffälligen Trommelns ist auch ein leichtes Klopfen mit einer Hand für die erwünschte Wirkung völlig ausreichend. Wie archetypisch tief verwurzelt dieses »Kraftklopfen« ist, können Sie auch an unseren entfernten Verwandten, den Affen, beobachten. Intuitiv klopfen alle Primaten gelegentlich das Brustbein im Bereich der Thymusdrüse. Testen Sie nun die erstaunliche Wirkung der Thymusdrüsenstimulation: Nur nach *ein- bis zweiminütigem Klopfen* können Ihre zuvor schwachen Finger den Muskelring mit deutlich vermehrter Kraft halten. Wiederholen Sie übrigens das Klopfen nur drei bis fünf Minuten täglich, steigern Sie damit Ihre Körperkraft und die Krankheitsabwehr.

Die Erklärung hierfür finden wir wieder in der Funktionsweise des zentralen Nervensystems. Nervenimpulse in Gehirn und Körper müssen auf ihrem Weg durch unzählige Nervenbahnen und Nervenzellen im wahrsten Sinne des Wortes kleine Hürden überspringen. Diese Nervenbahnen verlaufen nicht durchgehend von Zelle zu Zelle, sondern sind in diverse Nervenbahnenabschnitte unterteilt. Über diese Abschnitte muß der Impuls dann »hinwegspringen«. Demzufolge bewegt sich ein Nervenimpuls wie eine Staffel beim Staffellauf durch den Körper. Im Körper muß die Übergabe des »Staffelholzes« dann nicht von Läufer zu Läufer, sondern von Nervenbahnabschnitt zu Nervenbahnabschnitt und von Zelle zu Zelle geschafft werden. Das funktioniert durch die chemische Anwesenheit von sogenannten Nervenbotenstoffen zwischen den Nervenbahnabschnitten und den Zellen. Die Thymusdrüse spielt eine wichtige Rolle im Stoffwechsel. Der Stoffwechsel wiederum garantiert unter anderem die Anwesenheit der für die Nervenimpulse wichtigen Nervenbotenstoffe. Vor diesem Hintergrund ist es verständlich, warum die Thymusdrüsenstimulation die Muskelkraft spontan steigern hilft. Der Nervenimpuls kommt einfach besser an, da das »Staffelhölzchen« reibungslos aufgrund der guten Stoffwechselsituation durch die Nervenbahnen bis hin zum Muskel transportiert wird.

Wichtiges über die Bedeutung der Thymusdrüse für unser Immunsystem können Sie bei näherem Interesse in dem Buch *Der Körper lügt nicht* von John Diamond nachlesen. Dieses Buch beschreibt viele faszinierende Einsatzmöglichkeiten der Kinesiologie. Beispielsweise kann man mit den Muskeltests sogar die individuelle Verträglichkeit von Nahrungsmitteln und Medikamenten für verschiedene Personen bestimmen. Ich kenne etliche Schulmediziner, die diesen Test bereits für ihre Patienten einsetzen. Im Rahmen dieses Buches möchte ich Ihnen kurz den Sinn des O-Ringtests im Zusammenhang mit Wörtern, Erinnerungen und Gedanken schildern.

Die ersten beiden, anfangs beschriebenen Durchgänge dienen lediglich der Testvorbereitung. Der Tester und Sie selbst haben sich auf Ihre individuellen Muskelreaktionen »kalibriert«, also individuell eingestellt. Bei einem weiteren Versuch können Sie feststellen, daß auch *Wörter* spontan kräftigend oder schwächend auf Ihre Muskelkraft wirken. Schließen Sie den Ring, und sagen Sie beim Testen laut das Wort »ja«. Sie werden feststellen, daß Sie den Ring mit der für Sie optimalen Kraft halten können. Wiederholen Sie diese Prozedur mit dem Wort »nein«. Der Ring geht jetzt ebenso leicht auf wie beim Halten der Batterieuhr. Zumindest funktioniert das bei neun von zehn Personen in der beschriebenen Form. Bei einigen Menschen ist das Verhältnis – je nach persönlicher Lebensgeschichte – umgekehrt: Bei »nein« hält die Muskelkraft, und bei »ja« ist sie geschwächt. Dieses Ergebnis ist einleuchtend zu erklären. Die meisten Menschen haben schon in ganz jungen Jahren mit den sehr wichtigen Wörtern »ja« und »nein« intensive Erfahrungen gemacht. Ein kreatives Kind, welches voller Neugier und Tatendrang beispielsweise die Tischdecke herunterziehen will, bekommt gleich ein dreifaches »Nein« zu hören. Schon ist der Spaß vorbei. Enttäuschung und Frustration sind die Folge, also negative und entkräftende Gefühle (z. B. »enttäuscht die Schultern sinken lassen«). Erinnern Sie sich an die Informationen über das Gehirn. Dieses leistungsfähige Organ speichert Wörter nicht nur hinsichtlich ihrer Schreibweise oder ihrer semantischen Bedeutung, es registriert wiederum auf der Modulebene zusätzlich sämtliche emotionalen Erfahrungen, die wir in Verbindung mit diesem Wort erlebten. Da das Gehirn nun intellektuelle und körperliche Vorgänge nicht getrennt, sondern gleichzeitig und parallel erfaßt und abruft, koppelt es auch später das Wort mit der zur Emotion passenden Körperreaktion. Körperreaktionen wiederum gehen auf physikalischem Wege untrennbar mit der Elektrochemie des Nervensystems und somit der Innervierung der Muskeln einher. Daher können wir dann im Muskeltest die ehemals gespeicherten Erfahrungen ablesen. Personen also, die auf das Wort »nein« mit ihrer vollen Muskelkraft reagieren, hatten irgendwann eine positive

Erfahrung mit diesem Wort gemacht, aus der sie gestärkt hervorgingen.

Sie können sich für diesen Durchgang auch die Namen von zwei Ihnen bekannten Personen heraussuchen: Die eine Person sollten Sie sehr gern mögen, die andere sollte Ihnen unsympathisch sein, sie sollte in Ihnen Unbehagen oder Ärger provozieren. Sie werden überrascht sein, wie unterschiedlich Ihre Muskelkraft auf diese beiden ausgesprochenen Namen reagiert: Bei der sympathischen Person hält der Ring, bei der anderen geht er auf. Sie können auch gern Wörter wie »Finanzamt« oder »Urlaub« mit in diese Testphase einbeziehen. Reagiert der Körper mit einer Schwächereaktion auf ein Wort, so spricht man in der Kinesiologie von einem *Streßwort*. Jetzt kennen Sie Ihre individuelle Stärke- oder Schwächereaktion. Achten Sie darauf, diesen »Kalibrierungsdurchgang« sorgfältig zu erarbeiten. Sie können selbstverständlich auch Erfahrungen als Tester sammeln, indem Sie den O-Ringtest mit anderen Menschen probieren. Beachten Sie bitte, daß dieser Test kein Kräftemessen, vergleichbar dem Fingerhakeln oder Armdrücken, sein soll. *Beide* Beteiligten sollen ein Gefühl für ihre spezifische Muskelkraft erarbeiten. Das Ziel ist also nicht, den Ring um jeden Preis zu öffnen, sondern ein Grundgefühl für *den Unterschied zwischen den Stärke- und Schwächereaktionen der individuellen Person* zu entwickeln, um diesen Unterschied später wiedererkennen zu können.

Denn dieser Unterschied beantwortet Ihnen in der Testphase die gestellten Fragen. Bei MAGIC WORDS benutzen wir diesen Test, um die Wirkung von *Wörtern* auf die Körperkraft zu testen. Dabei sagen Sie bestimmte Schlüsselwörter, die mit einem Ihrer Probleme oder mit Ihrer Lebenssituation zu tun haben, beispielsweise das Wort »Prüfung«. Der Tester checkt dabei gleichzeitig Ihren Muskelring. Bei einigen Wörtern hält der Ring vielleicht gut, bei anderen fehlt die Kraft zum Halten – es sind also *Streßwörter*. Ist die Reaktion auf ein wichtiges

Wort auf diese Weise besonders schwach, sollte man die Wirkung mit MAGIC WORDS verändern. Den Erfolg der Intervention überprüfen wir dann wiederum mit dem O-Ringtest: Hält der Ring jetzt kräftig bei dem zuvor »schwachen« Wort, ist die Durchführung gelungen, und aus dem *Streßwort* ist ein MAGIC WORD geworden. Besteht noch eine Schwäche, müssen Sie das Wort mit den vorgestellten Möglichkeiten noch weiter »stärken«.

Es bedarf einer gewissen Übung und Erfahrung, um den O-Ringtest richtig anzuwenden. Es kann sein, daß der Test mit einigen Personen nicht gleich auf Anhieb klappt. Während Sie sich diesen Test erarbeiten, beachten Sie noch folgende Hinweise:

- Die Testperson muß ausreichend *Flüssigkeit getrunken* haben.
- Testperson und Tester dürfen *keine Batterieuhr* am Handgelenk tragen.
- Die Testperson muß *absolut körpersymmetrisch* sitzen: geradeaus schauen, Füße parallel, Schultern in gleicher Höhe.
- Knie und Füße dürfen sich in der Körpermitte nicht berühren; es muß ein kleiner Abstand bleiben.
- Ist schon die Ausgangskraft schwach, muß die Testperson zunächst zwei Minuten eine *Thymusdrüsenstimulation* durchführen.
- *Kein Fingerhakeln*; auch die Testperson selbst soll den Unterschied deutlich spüren können.
- Ist die Testperson sehr stark (z. B. Bodybuilder), nimmt man nicht den Zeigefinger, sondern testet die anderen drei Finger im Ringkontakt mit dem Daumen. Es wird dann *der Finger zum Test benutzt, der den Unterschied am deutlichsten anzeigt.* Wir suchen so also einen *optimalen Indikatormuskel* (Anzeigemuskel).

Sie können auch einmal die Kraft des seitlich ausgestreckten

Arms testen. Die Testperson steht. Der gegenüberstehende Tester legt die eine Hand leicht auf die Schulter des hängenden Arms. Die andere Hand legt er auf den Unterarm des ausgestreckten Testarms und drückt diesen beim Zeichen rasch nach unten. Wieder soll die Widerstandskraft des Muskels erfaßt werden. Die eigentlichen Tests verlaufen dann wie schon beim O-Ringtest beschrieben.

Wie ich eingangs bereits erwähnte, müssen Sie an dieser Stelle den Test noch nicht unbedingt ausprobieren. Vielleicht lesen Sie das Buch erst einmal durch und beschäftigen sich beim zweiten Durchgang mit der praktischen Anwendung. Nach der Lektüre ist Ihnen der Aufbau der MAGIC-WORDS-Methode schon so weit in Fleisch und Blut übergegangen, daß die Testanwendung nur noch ein kleiner Schritt ist. Im Kapitel »Psychologische Hausapotheke« finden Sie noch weitere praktische Hinweise zur Testdurchführung – unter anderem darüber, wer Ihr Tester sein könnte.

Haben Sie Ihre Erfahrungen mit dem Muskeltest am eigenen Körper mehrfach erlebt, können Sie Streßwörter jederzeit auch ohne Muskeltest in MAGIC WORDS verwandeln. Gut trainierte Personen benötigen dann oft nur noch eine Minute für den Umdenkprozeß.

Denken Sie jetzt nicht an einen Papagei!

Nun, gelingt Ihnen das in diesem Moment? Natürlich nicht. Sofort beim Lesen dieser Überschrift haben Sie schon einen bunten Vogel vor dem geistigen Auge gesehen. So fällt das Umdenken natürlich schwer. Sie wissen durch die bisherige Lektüre schon, daß unser Gehirn ein Wort gemeinsam mit sämtlichen Erfahrungen, die damit verknüpft sind, codiert hat. Wir *sehen* gleich den typischen Schnabel, können im Geiste das charakteristische Krächzen *hören* und haben vielleicht bei diesem Wort ein eher angenehmes *Gefühl*. Denn in unseren Breitengraden sieht man – vor allem als Kind – einen Papagei stets zu erfreulichen Anlässen: im Zoo, im Zirkus, im botanischen Garten oder als exotisches Angebot in der Zoohandlung. Das Gehirn reagiert also prompt und zuverlässig auf Stichworte, wobei es offenbar Anweisungen wie »nein« oder »nicht« in der Wahrnehmungsverarbeitung unberücksichtigt läßt. Schließlich werden Sie ja in der Überschrift gebeten, *nicht* an den Papagei zu denken. Vielleicht kennen Sie auch folgende Situation: »Hoffentlich verschreibe ich mich jetzt nicht«, betet man krampfhaft beim Ausfüllen eines Schecks oder beim Beschriften einer Geburtstagsgrußkarte. Da beim Gehirn jedoch – vergleichbar dem Papageien-Effekt – das Wort »verschreiben« ankommt, passiert genau das Ungewollte. Ihr Gehirn aktiviert alles Wissenswerte, was es jemals über Verschreiben gespeichert hat: »Das ist doch die Sache, wo man einen Buchstaben an eine Stelle setzt, wo er nicht hingehört oder gar etwas ausläßt . . .

oder wo man den Stift ausrutschen läßt.« Schreiben ist ein komplizierter, feinmotorischer Vorgang, bei dem viele Muskeln eine gemeinschaftlich koordinierte Millimeterarbeit leisten. Erinnern Sie sich bitte, daß das Gehirn in *Modulen* aktiv ist. Das Wort »ausrutschen« und die dazu passende Muskeltätigkeit ist für das Gehirn *ein und derselbe* Aktivitätsprozeß. Schon entgleitet die Muskelkoordination, und der kontrollierte Schreibvorgang wird unterbrochen.

Nach dem Lesen dieser Zeilen werden Sie im Alltag plötzlich einen ganzen Schwarm von »Papageien« entdecken. Denn die meisten Menschen drücken sich in »Nicht«- und »Nein«-Sätzen aus, wenn sie aus sich selbst heraus oder mit anderen etwas erreichen wollen. »Schrei nicht so rum«, sagt man zum Kind. Oder: »Hoffentlich schieße ich nicht daneben«, denkt der Fußballer. Das arme Gehirn wird mit »Nichts« und »Neins« völlig überfüttert. Ich habe in anderen Büchern bereits ausführlich beschrieben, daß wir lernen müssen, unser Gehirn mit positiven Gedanken zu aktivieren. Wir müssen ihm mitteilen können, *was genau passieren soll*. Auch zum Kellner sagen Sie nicht:»Bringen Sie mir keinen Fisch.« Sie bestellen eindeutig: »Ich möchte ein Steak – medium.« Nur so bekommen Sie tatsächlich Ihr Fleisch auf den Teller. Ihr Gehirn möchte, wenn es für Sie tätig ist, ebenso wie der Kellner wissen, *was genau es bringen soll*. Der Fußballer könnte also sagen:»Ich gebe mein Bestes. Ich weiß, daß ich genau treffen kann!«

Doch es ist im Leben nicht einfach, den Schlüsselwörtern auszuweichen, die unsere Probleme codiert haben. Sabine, eine unserer Migräne-Patientinnen, hatte wunderbar gelernt, sich im Magen ein kühles Gefühl vorzustellen, die Farbe Blau in den Kopf zu denken und vor dem geistigen Ohr Walzermusik zu hören. Sowie sie sich auf diese inneren Sinneswahrnehmungen konzentrierte, organisierte ihr Gehirn eine gesunde Körperempfindung im Kopf.»Dennoch verfolgt mich das Wort MIGRÄNE – ohne mein Dazutun. Auf dem Schreibtisch liegt der *MIGRÄNE*-Kalender, den ich führen soll, beim Arzt bin ich nach wie vor laut Karteikarte die *MIGRÄNE*-Patientin, und sogar mein Mann fragt öfter: ›Du hast schon lange keine *MIGRÄNE* mehr gehabt – oder?‹« Die meisten Betroffenen reagieren ablehnend auf Migräne. Sie finden allein das Wort schon bedrohlich.

Genauso wie Sabine wird jeder Mensch im Alltag mit seinen Streßworten konfrontiert. Das eigene Denken kann man ja noch auf die gezielte Nutzung von Positiv-Wörtern trainieren, jedoch ist die Hoffnung utopisch, daß die Konfrontation durch die Umwelt ausbleibt. Eigentlich hat uns diese Migräne-Patientin dann zur MAGIC-WORDS-Methode inspiriert. Wir fragten uns zunächst zielgerecht: »Was wünscht man sich eigentlich im Zusammenhang mit einer solchen Erkrankung?« – »Ich möchte, daß mein Körper endlich stark genug ist, mit diesen leidigen Kopfschmerzen zurechtzukommen!« formulierte Sabine eindeutig. Also wollte sie sich psychisch und physisch der Migräne überlegen fühlen.

Die Überlegung war, daß dieses Ziel nur zu erreichen ist, wenn das Wort MIGRÄNE keine Bedrohung mehr für das Wohlbefinden symbolisiert. Ganz im Gegenteil: Wie wäre es, wenn dieses Wort plötzlich zum *Auslöser* für positive, stärkende Prozesse würde? Wenn es schon beim Sagen oder Denken Kraft- oder gar Heilprozesse aktiviert? Erinnern Sie sich an die Ausführungen über unsere fünf Sinne und den »Haribo-Slogan«. Genau wie dort beschrieben, änderten wir das Wort MIGRÄNE zu einem völlig neuen Sinneserlebnis um. Wir fragten zunächst, wie Sabine sich das Wort geschrieben vorstellt. Sie antwortete spontan, sie hätte dieses Wort innerlich schon immer wie aus Stein geschlagen mit vielen spitzen und scharfen Ecken gesehen. Nun malte sie MIGRÄNE in bunten »Sesamstraßen-Buchstaben« auf ein großes Stück Papier. Von diesem Zeitpunkt an löste dieses Wort nur noch ein inneres Schmunzeln und ein deutliches Wohlgefühl bei ihr aus: »Auf

die bunte MIGRÄNE kann ich nur noch mit Kraft reagieren – es geht gar nicht anders!«

Wenn es uns also gelingt, daß die Streßwörter uns nicht mehr stressen, sondern – im Gegenteil – zu MAGIC WORDS für Gesundheit, Kraft und Wohlbefinden werden, darf gern wieder über Papageien gesprochen werden. Bewußt gestaltet, können also *alle* Wörter dazu benutzt werden, uns gezielt und spontan aus problematischen Situationen und Verfassungen hinauszuführen. Wie gesagt, jedes Wort kann zur Trumpfkarte, kann eine Schatzkarte werden!

Die »Psychologische Hausapotheke«

Nach diesen einleitenden Basisinformationen über MAGIC WORDS möchte ich noch etwas über den möglichen Stellenwert dieser Methode in Ihrem Leben sagen. MAGIC WORDS kann keine Psychotherapie sein und vermag eine solche sicher nicht zu ersetzen. Psychotherapie ist eine Behandlung, die viele Sitzungen bei einem speziell dafür ausgebildeten Diplom-Psychologen oder Arzt erfordert. Von Psychotherapeuten kann MAGIC WORDS als eine wertvolle Ergänzung ihrer täglichen Arbeit mit Patienten eingesetzt werden. Zum einen kann der Patient minutenschnell durch eine körperliche Erfahrung nachvollziehen, welche Wirkung Psychotherapie haben könnte; zum anderen dient dieser Ansatz als »Vorbehandlung« für schwierige Themen, die unter Umständen in der Bearbeitung zunächst den Widerstand des Klienten hervorrufen würden. Demgegenüber kann MAGIC WORDS für Sie, den Leser, den Stellenwert einer »Psychologischen Hausapotheke« einnehmen. Sie selbst können bei sich und anderen »Erste Hilfe« leisten oder alltägliche Probleme behandeln, die eigentlich gar keiner Psychotherapie bedürfen. MAGIC WORDS ist schnell zu lernen und ebenso schnell einzusetzen. Sehen Sie hier einige Beispiele für den geeigneten Einsatz:

- Ihr Partner, Freund oder Ihre Freundin übt für den Führerschein. Sie können bei der Prüfungsvorbereitung sowie für die innere Sicherheit beim Fahren sorgen.

- Jemand hat ein wichtiges Vorstellungsgespräch. Sie können ihn dabei unterstützen, daß er im entscheidenden Moment die Ruhe behält und dadurch beim Gegenüber einen positiven Eindruck hinterläßt.
- Ihr Kind hat Probleme mit einem Fach oder gar dem Lehrer. Sie können es hier beim Abbau unnötiger Ängste oder Denkblockaden unterstützen.
- Sie selbst leiden vielleicht unter Nackenverspannungen. Mit MAGIC WORDS bekommen Sie einen raschen Einfluß auf die Aktivität der Nackenmuskulatur. Auch andere gesundheitliche Probleme lassen sich positiv beeinflussen.
- Vor einem Urlaub im Süden stellt sich heraus, daß ein Mitreisender unter Flugangst leidet. Es ist nicht so schlimm, daß er/sie nicht mitfliegen würde, doch es besteht ein äußerst bedauernswertes Unbehagen. Hier kann die Angst durch MAGIC WORDS auf ein erträgliches Maß abgemildert werden.
- Sie haben wiederholt Probleme mit einem Kollegen oder einer Kollegin am Arbeitsplatz. Eigentlich möchten Sie sich gar nicht ärgern, doch Ihre Gefühle überrollen Sie immer wieder. Hier kann Ihnen MAGIC WORDS zu dem berühmten »dicken Fell« verhelfen, an dem der Ärger abprallt.
- Vielleicht hätten Sie gern mehr Selbstbewußtsein. MAGIC WORDS hilft bei der Ich-Stärkung.

Diese Beispielaufzählung ist sicher nicht vollständig. Sie vermittelt jedoch einen guten Überblick über die Bandbreite der Einsatzmöglichkeiten. Für die Beschäftigung mit diesen einzelnen Themenbeispielen benötigen Sie jeweils höchstens eine halbe Stunde. Bei eingespielten »MAGIC-WORDS-Teams« werden oft in bestimmten Situationen nur noch ein paar Minuten benötigt. Vielen Menschen macht aber die Beschäftigung mit MAGIC WORDS so sehr Spaß, daß die besagte halbe Stunde gern ausgedehnt wird.

1.
Die MAGIC-WORDS-Methode

In der Einführung haben Sie gelesen, daß man mit MAGIC WORDS Streßwörter verzaubern kann. Wenn Sie diese Methode für sich einsetzen wollen, müssen Sie sich auf die Suche nach Streßwörtern machen, die im Zusammenhang mit einem Problem immer wieder auftauchen. So erstellten wir neulich mit Nina, einer Führerscheinkandidatin, im Rahmen einer sogenannten *Streßwort-Analyse* folgende Liste:

- FÜHRERSCHEIN,
- AUFREGUNG,
- KUPPLUNG,
- PRÜFUNG,
- GAS,
- MÜLLER (NAME DES FAHRLEHRERS).

Wenn Sie anderen Menschen von Ihren Sorgen, Problemen oder Lebenssituationen erzählen, wählen Sie wiederholt bestimmte Begriffe, die wie *Schlüsselwörter* oder gar wie eine Überschrift das Problem bezeichnen. Denken Sie noch einmal an den Ausspruch:»Wenn ich nur das Wort schon höre . . .« Gemeint ist hiermit, daß das Wort im Gehirn ein komplettes *Modulprogramm* aktiviert, welches für eine bestimmte körperlich-seelische Verfassung die verantwortlichen Impulse schaltet. Insofern kann einem tatsächlich von einem Wort schlecht werden; es kann eine innere Aufregung oder eine kleine

56

Schwäche auslösen. Das unangenehme Gefühl wird durch die körperlichen Reaktionen verursacht, welche untrennbar mit dem durch das Wort »angesprochene« Modulprogramm verknüpft sind.

Als zweiten Schritt überprüften wir mit dem *O-Ringtest* Ninas Reaktion auf die einzelnen Schlagwörter. Gerade das so wichtige Wort FÜHRERSCHEIN ging mit einer Schwächereaktion im Muskeltest einher. Für jemanden, der den Führerschein schaffen möchte, ist das nicht gerade eine optimale Reaktion. Somit kümmerten wir uns als erstes um diesen Begriff. »Bitte schließen Sie die Augen, und stellen Sie sich das Wort FÜHRERSCHEIN geschrieben vor dem geistigen Auge vor.« Es geht hier also nicht etwa um Bilder von Ängsten oder Befürchtungen, sondern um die reine Präsentation der Buchstabenkombination, F, Ü, H, R usw. Wie genau stellt man sich dieses Wort *innerlich vor*? Unter dem Stichwort »WORTSTRUKTUR-ANALYSE« finden Sie einen ausführlichen Fragenkatalog für diese Wahrnehmungsaufgabe.

Nina nun sah das Wort FÜHRERSCHEIN in großen, schwarzen Druckbuchstaben vor dem geistigen Auge. Alle Buchstaben waren groß geschrieben. Die Schrifthöhe betrug zwanzig Zentimeter. Es ist immer wieder erstaunlich, wie viele Personen hier ganz haargenaue Angaben machen. Interessant war der Buchstabenhintergrund: abwechselnd unruhig aufblitzende grelle Rot-, Grün- und Gelblichter. Das spricht beim Thema Führerschein schon für sich. Insgesamt nahm unsere Führerscheinkandidatin das Wort über sich wahr; sie mußte zu dem Wort aufschauen. Als Besonderheit beschrieb Sie noch die Ü-Tüpfelchen: »Die sind viel länger als in normaler Schrift.« Auf die Frage nach der inneren Stimme antwortete Nina dann: »Eigentlich höre ich dieses Wort vor dem geistigen Ohr mit meiner eigenen Stimme. Doch klingt die Aussprache – ehrlich gesagt – etwas hysterisch. Der Klang erweckt Assoziationen an quietschende Bremsen.«

Führerschein

Wir beobachten wie gesagt sehr oft, daß Klienten angstbesetzte Wörter in großen, kräftigen, schwarzen Buchstaben vor dem geistigen Auge abbilden. Über die Ursache hierfür kann ich nur Vermutungen äußern. Ein angstbesetztes Problem beherrscht das Erleben und die Lebensqualität eines Menschen so zentral, daß die wuchtige Schrift die scheinbar unverrückbare Macht des Wortinhaltes symbolisiert. Entsprechend verzagt ist ja dann auch die innere Reaktion auf das Wort. Der Körper reagiert allein schon auf das vom eigenen Gehirn geschriebene und präsentierte Wort mit einer Schwächereaktion.

»Wie möchten Sie sich denn tatsächlich beim Gedanken an den FÜHRERSCHEIN fühlen?« fragten wir. »Selbstverständlich möchte ich die Sache ernst nehmen, da mir viel an der Sicherheit beim Autofahren liegt. Doch hierzu gehört für mich innere Ruhe und Gelassenheit. Nur so erreiche ich meiner Meinung nach die fließenden Bewegungs- und Reaktionsabläufe, die für ein sicheres Fahren wichtig sind«, antwortete Nina.

Diese zielgerichteten Gedanken sind immer wieder von zentraler Bedeutung:»Wie will ich *eigentlich* innerlich reagieren?« Das gilt nicht nur für den Führerschein, sondern auch für schwere Erkrankungen wie beispielsweise Krebs. Viele Patienten brechen schon beim Klang dieses bedeutungsschweren Wortes förmlich zusammen. Doch auch hier gilt wieder die Frage:»Wie soll mein Körper *eigentlich* mit dieser schlimmen Krankheit umgehen? Wird er sich ergeben oder den Krebs besiegen?« Wenn Ihr Körper mit Gesundheit und Abwehr siegt, dann fühlen Sie sich bei seinen Reaktionen völlig anders, als wenn der Organismus der Krankheit nachgibt. Demnach sollte eine gesundheitsfördernde Reaktion *extra* stark sein, wenn das besagte schlimme Wort gesprochen, gedacht oder gelesen wird. Gezielte Strategien für den Umgang mit Krankheit stelle ich in einem späteren Kapitel vor. Für Sie zählt momentan der Gedanke an die *erwünschte Reaktion* auf ein Phänomen – sei es der Führerschein, ein Mensch, ein Ziel, eine Krankheit oder das eigene Ich.

»Wenn Sie sicher und gelassen auf den FÜHRERSCHEIN-Gedanken reagieren wollen, muß das Wort selbst diese Gefühle schon auslösen«, erklärten wir Nina. Denken Sie noch einmal an den Papageien. Es ist in diesem Sinne völlig unmöglich, während des Führerscheinerwerbs das Wort FÜHRERSCHEIN aus dem Sprachgebrauch zu verbannen. Da muß nur die Freundin am Telefon fragen:»Na, was macht der FÜHRERSCHEIN?«, und schon ist es passiert. Sie könnten an keiner theoretischen oder praktischen Fahrstunde teilnehmen, bei der nicht ganze Papageienschwärme im Gehirn kreisen. Überall taucht das schwächende Wort auf, streßt Sie und verzehrt unbewußt Ihre Energiereserven.

Bei Nina kreisten offenbar eher schwarze Unglücksraben als bunte Papageien im Kopf.»Wir möchten erreichen, daß dieses Wort bei Ihnen automatisch mit einer positiven und kraftvollen Reaktion gekoppelt wird«, erklärten wir ihr. Begeistertes Nik-

59

ken war die Antwort. Die Menschen haben im Laufe der Jahre Tausende von Möglichkeiten gefunden, Wörter darzustellen. Es gibt ganz Verrückte, die mieten sich ein Flugzeug, welches mit seinen Kondensstreifen ein Wort in den Himmel schreibt. Dann gibt es Gärtner, die Wörter und Zeichen sogar pflanzen. Hekken können wie ein Wort geschnitten werden, Blumengirlanden wie ein Wort verlaufen. Steinmetze verewigen Worte in Marmor oder sonstigem Gestein. Läden und Firmen machen auf Ihre Namen in bunter Leuchtreklame aufmerksam. Zum Geburtstag werden Wörter und Zahlen in Sahne gespritzt. Kinder lieben Buchstabennudeln, die sie auf dem Suppentellerrand zu Wörtern legen. Es gibt die verschiedensten Schriftformen und Schrifttypen für Briefe, Schilder und Visitenkarten. Beachten Sie hier die Wortstrukturliste auf Seite 77. Hier finden Sie viele weitere Variationen für die Wortgestaltung.

Je nach optischer oder akustischer Gestaltung löst ein Wort bestimmte Gefühle aus. Spielzeugläden beispielsweise gestalten ihre Ladenüberschriften gern in bunten Buchstaben – und schon ahnt das Kind, daß dieser Laden für sein Spielbedürfnis interessant sein könnte. Auch Namen von Geisterbahnen auf dem Jahrmarkt versuchen stets, mit zackig oder tropfend verzerrten Buchstaben das angestrebte Grauen zu verstärken. Somit kann allein die sinnesspezifische Beschaffenheit eines Wortes seine Bedeutung symbolisieren. Entsprechend der Darstellung besteht dann im Gehirn eine Bahnung zu bestimmten Nervenzellen, die entsprechende Körperreaktionen und Gefühle »zünden«. Somit ist auch das Wort gleichzeitig sowohl Bestandteil als auch Auslöser für ein ganz bestimmtes *Modulprogramm* im Gehirn.

Mit MAGIC WORDS wird nun eine *Umbahnung* der Wortimpulse angestrebt. Wenn ein Streßwort gesprochen, gedacht oder gelesen wird, soll es unmittelbar und gleichzeitig ein Modulprogramm aktivieren, welches mit den gesunden und kraftvollen Reaktionen des Körpers verschaltet ist. So ist es dann kein Streß- oder Schlagwort mehr, welches den Menschen »umhaut« oder sonstwie unangenehm berührt, sondern es wirkt als MAGIC WORD wie eine spontane Kraftquelle.

Erinnern Sie sich daran, daß die Module keine »fest verdrahteten« Schaltkreise darstellen, sondern daß sich die Gehirnzellen je nach Aufgabenstellung immer wieder zu neuen Schaltkreisen zusammenschließen können. Jede Veränderung in einer Nervenzelle teilt sich gleichzeitig dem gesamten Nervensystem mit. Nun gibt es beispielsweise bestimmte Zellen, die ganz spezifisch auf visuelle Reize wie Kanten oder gerade Strecken reagieren. Schreiben Sie nun ein Wort vor dem geistigen Auge statt in eckiger jetzt in runder, verbundener Schrift, so spricht diese Darstellung schon ganz andere Nervenzellen an bzw. aktiviert diese auf eine neue Weise. Sofort antwortet auch das gesamte Nervensystem auf diese zuvor noch nie gesehene oder gedachte Information im Zusammenhang mit dem altvertrauten Wort. Und schon transportiert das Wort neue, subjektive Erlebnisse. Ähnliche Neuverschaltungen ergeben sich auch bei sämtlichen anderen Wortstrukturveränderungen.

Nina hatte bereits während unserer Ausführungen etliche weiterbringende Ideen:»Ich soll also das Wort FÜHRERSCHEIN innerlich anders abbilden. Als erstes muß das Wort in *Schreibschrift* geschrieben werden. Die runden und fließenden Formen entsprechen viel eher meiner Vorstellung von einem sicheren Fahrstil. Ich würde das Wort teilen: FÜHRER steht oben, SCHEIN unten. So geschrieben, hat dieses Wort etwas Beschützendes; das vermittelt mir schon beim Hinschauen ein angenehmes Gefühl. Wichtig für die positive Wirkung ist auch der runde Schriftverlauf. Selbstverständlich bleiben die Buchstaben nicht schwarz. Ich stelle mir vor, daß fließende Pastellfarben von Buchstabe zu Buchstabe ineinander übergehen. Der Hintergrund ist pastellblau. Bei diesen Farben kann ich jetzt auch einen Duft assoziieren; es riecht ganz einfach wie Frühling. Genau diese Vorstellung entspricht einer Wunschvorstellung, die ich mir mit dem Führerschein erfüllen kann. Ich habe

schon immer davon geträumt, mit einem eigenen Auto durch schöne Landschaften zu fahren. Und die akustische Seite? Meine eigene Stimme spricht das Wort wieder aus. Jedoch wird der hysterisch-quietschende Klang durch eine ruhige und freundliche ›Stewardeß-Aussprache‹ ersetzt. Es ist, als würde sie sagen: ›Bitte seien Sie so freundlich, und begeben Sie sich auf Ihren Platz. Wir wollen jetzt unseren FÜHRER-SCHEIN machen.‹ So ausgesprochen wirkt das Wort äußerst angenehm.«
Nachdem Nina all diese Einzelheiten entwickelt hatte, wollten wir die Wirkung der neuen Version wieder mit dem O-Ringtest ausprobieren. Wir baten Nina, den Ring zwischen Daumen und Mittelfinger fest zu schließen. Die Anweisung lautete wie folgt:»Sie schließen den Ring ganz fest. Ich zähle bis drei. Dann sagen Sie laut das Wort FÜHRERSCHEIN. Aber während Sie dieses Wort aussprechen, lesen Sie es *in Gedanken* von der pastellfarbenen Schreibschrift ab. Vielleicht denken Sie auch an den Frühlingsduft und an die ›Stewardeß-Stimme‹. Also:

eins, zwei, drei!« Bei »drei« testete ich gleichzeitig die Kraft der Finger. Der Muskelring unserer Führerscheinanwärterin hielt bombenfest. Sie war selbst über diese deutliche Verbesserung in der Muskelkraft überrascht. Natürlich ist die im Ringtest registrierte Muskelkraft als repräsentativ für die gesamte Situation im Körper anzusehen. Das Nervensystem besteht einmal aus dem zentralen Bereich, Gehirn genannt, zum anderen aus dem sogenannten peripheren Nervensystem. Hiermit sind die Nerven gemeint, die, vom Gehirn ausgehend, den Körper in seinen Reaktionen steuern und versorgen und dessen Sinneserlebnisse an das Gehirn zurückmelden. Zentrales und peripheres Nervensystem sind jedoch in Wirklichkeit ein und dasselbe Organsystem. Demnach bedeutet die Kraftreaktion im Muskelringtest, daß gleichzeitig und automatisch auch das Gehirn in einem optimalen, elektrochemischen Zustand arbeitet. Dieser optimale Zustand garantiert dann wiederum die nötige Konzentrationsfähigkeit und das rasche Auffassungsvermögen, welches den Führerscheinerwerb und einen sicheren Fahrstil möglich macht. Auch weiterhin weiß das Gehirn bei dem Wort FÜHRER-SCHEIN, welche Tätigkeit und welche Fähigkeiten rein von der Bedeutung her mit diesem Wort gemeint sind. Jedoch koppelt es nach dieser Intervention den Bedeutungsinhalt mit einem Modul, welches für Kraft, Gesundheit und klares Denkvermögen steht. Dieses Ergebnis entspricht genau dem Vorgang, den wir in der Umgangssprache *Umdenken* nennen. Wann immer wir aus Problemen ausbrechen wollen und neue Lösungen finden müssen, ist ein Umdenken erforderlich, sei es in bezug auf sich selbst, auf andere Menschen oder auf die Umwelt. Man muß irgend etwas neu und anders machen oder denken als zuvor. Beim Umdenken wird also ein Gedankenimpuls in eine neue Richtung gelenkt. Auf organischer Ebene durchläuft das Wort als Gedanke jetzt neue Nervenbahnen. Der Gehirnforscher spricht dann von der sogenannten *Umbahnung.*

Im Grunde könnte man die MAGIC-WORDS-Methode auch als »mentales trojanisches Pferd« bezeichnen. Nach wie vor bleibt das Wort FÜHRERSCHEIN als Begriff stehen. Innen jedoch ist es jetzt mit Gesundheit und Kraft »geladen« bzw. aufgefüllt. Mit diesem gesunden Kern kann der Feind bzw. das Problem in der konkreten Situation jetzt spielend besiegt werden. Beim Kontakt strömt die gesunde »Ladung« nach außen und siegt.

Vor diesem Hintergrund ist es äußerst hilfreich, daß wir Menschen überhaupt Probleme mit Worten codieren können. Nehmen wir als Beispiel wieder ein Schmerzgeschehen, beispielsweise den »Hexenschuß«. Zunächst spielt sich im Rücken ein krankhaftes Geschehen ab. Dann wird dieses Geschehen von der Umgebung mit einem Namen versehen. Ab jetzt weiß das Gehirn, daß das Wort HEXENSCHUSS und das Schmerzerleben ein und dasselbe sind. Es knüpft als Wort an die entsprechende Körperwahrnehmung oder die erkrankte Körperstelle auf der Modulebene an. Andersherum betrachtet, hat man jetzt durch das Wort einen direkten Zugangshinweis auf den krankhaften Prozeß im Körper. Wie bei einem in der Höhe unfaßbaren Drachen bildet das Wort jetzt die Schnur, an der die Krankheit »hängt«.

Beim Hexenschuß möchte man den »Drachen« natürlich daran hindern, frei und unkontrolliert in Gehirn und Körper herumzuschwirren. Denn gerade der Hexenschuß wird mit vom Gehirn aus aufrechterhalten. Das Gehirn ist für unsere Muskelspannung zuständig. Verspannte Muskelpartien sind mit der Hauptverursacher des Hexenschußschmerzes. Ist der Schmerz erst einmal massiv genug, verkrampfen die Muskeln im ganzen Körper als Schmerzreaktion um so stärker. Ein Teufelskreis von Schmerz – Muskelverspannung – Schmerz hat sich gebildet. Aus diesem Grund wird bei diesen Schmerzattacken in der Regel neben einer schmerzstillenden Substanz auch ein krampflösendes Medikament gespritzt. Paradoxerweise reagieren wir auf Wortphänomene, die mit Muskelverspannungen einhergehen, immer mit einer Schwäche im O-Ringtest. Geht beim Wort HEXENSCHUSS nun der Muskelring auf, ist man viel zu schwach, um den »Drachen« oder die »Hexe« einzuholen. Wird das Wort HEXENSCHUSS jedoch so verändert, daß es die gesamten Körperreaktionen stärkt, kann der Drachen spielend unter Kontrolle gebracht werden. Peter, einer unserer Patienten, hatte sich das Wort HEXENSCHUSS beim »Ver-

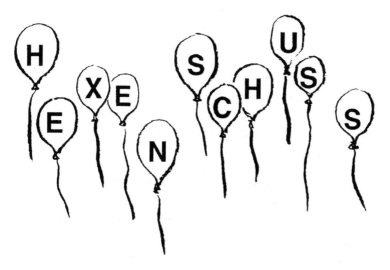

zaubern« in bunten Luftballonbuchstaben – wie früher beim Kindergeburtstag – vorgestellt.

»Ein HEXENSCHUSS aus bunten Luftballons – das scheint nicht mehr zu funktionieren«, schilderte Peter später seine Erfahrungen. »Beim inneren Anblick der fliegenden Ballonbuchstaben muß ich automatisch lächeln und spüre ein leichtes Gefühl. Aber Lächeln, Leichtigkeit und HEXENSCHUSS passen überhaupt nicht zusammen. Es ist, als hätten wir das Wort und somit gleichzeitig den Rückenschmerz mit ›Gesundinfiziert‹. Sofort spüre ich ein weiches und weites Gefühl an den verspannten Stellen, die den Schmerz irgendwie auflösen. Ob Sie es glauben oder nicht: Ich habe mir neulich vom Jahrmarkt sogar einen großen Gasluftballon mitgebracht. Außerdem besitze ich jetzt kleine Aufkleber mit Luftballonmotiven. Das allein hilft schon enorm!«

Auf diese Weise wird das ehemals schlimme Wort zur Medizin. Es bezeichnet zwar noch einen Vorgang im Rücken, jedoch diesmal bahnt das Gehirn die Symptomatik an ein »gesundes« Modulprogramm an, welches dann statt des kranken Programms mit konkreter Muskellockerung aktiv wird.

Genau diesen Effekt faßte auch Nina in folgende Worte: »In mir ist ein ganz anderes Gefühl, wenn ich an den FÜHRER-SCHEIN denke. Bin ich vorher immer um die Theoriefragen umhergeschlichen, gehe ich jetzt mit einem ganz entschlossenen Gefühl ans Lernen. Bei den praktischen Fahrstunden bleibe ich ruhig und gelassen.« Um die positive Wirkung zu verfestigen, wollten wir bei dieser Klientin auch noch die anderen Begriffe aus der *Streßwort-Analyse* verändern. Doch hier gab es dann beim Ringtest einen Effekt, der oft bei MAGIC WORDS auftritt: Alle anderen Worte hatten sich ohne jegliche »Behandlung« ebenfalls stabilisiert. Offenbar hatte sich die Stärkung des Wortes FÜHRERSCHEIN auf alle anderen mit diesem Phänomen betroffenen Inhalte übertragen.

Wir nennen diesen Effekt *Generalisierung.* Vergegenwärtigen Sie sich hierzu einen See, in dessen Mitte man einen Stein wirft. Die entstehenden Wellen breiten sich kreisförmig über den ganzen See bis zum Ufer aus. Die Chance, daß der ganze See auf diese Weise überall »berührt« wird, steigt mit dem Ausmaß, wie zentral der geworfene Stein die Seemitte trifft. Offenbar hatte das Wort FÜHRERSCHEIN diese zentrale Position bei dem Thema »Auto fahren lernen« optimal besetzt. Alle dazugehörigen Bestandteile wie beispielsweise die Wörter KUPP-LUNG oder PRÜFUNG wurden – wie beim See-Beispiel – von den Veränderungswellen der Intervention durchdrungen.

Ein bestimmtes Wort von Nina wurde von der Generalisierung jedoch nicht erfaßt: Der Name des Fahrlehrers – also das Wort MÜLLER – ließ den Muskelring weiterhin schwach werden. »Das habe ich mir schon gedacht«, sagte die Führerscheinkandidatin. »Er ist so ein brummiger, autoritärer Typ – ich bin noch nie mit dieser Männersorte klargekommen. Aber er hat die einzige Fahrschule in unserem Ort. Insofern bin ich schon auf ihn angewiesen.« Nachdem Nina auch diesen Namen mit MAGIC WORDS verändert hatte, fand sie den Fahrlehrer später sogar ausgesprochen nett. »Es ist, als reagiere er auch darauf, daß ich ihn in meinem Erleben ›entkrampft‹ habe«, deutete sie diese zwischenmenschliche Veränderung. Lesen Sie zu diesem Thema weiter im Kapitel »MAGIC WORDS im Umgang mit anderen Menschen«.

Nach diesen Interventionen machte Nina ihren Führerschein »mit links«, wie sie es beschrieb. Die inneren Blockaden waren durch Kraftquellen erfolgreich ersetzt worden. Die Schlüsselwörter wirkten jetzt wahrhaftig wie echte Schlüssel zum Erfolg.

Gehen Sie als Leser bitte jetzt nicht davon aus, daß die Ideen der FÜHRERSCHEINkandidatin auch bei Ihnen optimal wirken. Es kann durchaus sein, daß Sie selbst für Ihre MAGIC-WORDS-Wirkung ganz andere »Zaubereien« in der Veränderung einsetzen müssen. Um die gesamte Vielfalt der unterschiedlichsten kreativen Lösungswege kennenzulernen, finden Sie in den folgenden Kapiteln eine umfangreiche Sammlung der vielfältigen Ideen, welche unsere Klienten bisher zu MAGIC WORDS hatten. Sicher werden Sie diese Anregungen noch durch Ihre eigenen, individuellen Einfälle bereichern.

Sehen Sie hier noch einige Hilfestellungen zur Entwicklung und Stabilisierung Ihrer MAGIC-WORDS-Erfolge.

Arbeitshilfen für individuelle Ideen

Um möglichst viele Ideen für optimale Darstellungsmöglich-
keiten zu finden, lassen Sie hier für Ihre inneren Vorstellungen
noch einige Ideen auf sich wirken, welche Sie bei Ihren
MAGIC-WORDS-Erfindungen unterstützen könnten. Gehen
Sie stets davon aus, daß Sie ein bestimmtes Streßwort in ein
MAGIC WORD verwandeln möchten.

• Stellen Sie sich vor, Sie wären Besitzer einer Werbeagentur.
Ein Kunde möchte, daß Sie ihm bei der Gestaltung seines
Firmen- oder Ladenschilds helfen. Der Name ist zufällig das
besagte Streßwort. Der Schriftzug soll so attraktiv wirken,
daß möglichst viele Menschen – auch Sie – den starken
Impuls haben, diese Firma, diesen Laden oder dieses Pro-
dukt ausprobieren zu wollen. Vielleicht erfinden Sie noch
eine akustische Umsetzung des Namens, falls noch ein
Werbespot geplant ist.

• Sollte ein Wort allzu festgelegt in Ihrem Erleben sein, hilft
folgende Vorstellung: Ein Japaner ohne Deutschkenntnisse
kommt auf Urlaubsreise hierher. Er sieht dieses besagte Wort
als Werbe- oder Firmennamen. Beim bloßen Anblick der
optischen Präsentation soll er schon denken: »Das muß ja
hier etwas ganz Tolles sein, das werde ich gleich als erstes
ausprobieren.«

• Sollte ein Wort im Ausgangsstadium allzu mächtig und
erdrückend auf Sie wirken, verkleinern oder verniedlichen

Sie die optische Wirkung, bis das Wort »harmlos« wirkt. Der O-Ringtest zeigt Ihnen auch hier als Überprüfung deutlich an, ob diese Veränderung Ihre Kraftreaktion auf das besagte Wort verstärkt.

• Bei sehr schlimmen oder unsympathischen Wörtern bedenken Sie stets folgenden Zielgedanken: MAGIC WORDS soll nicht bewirken, daß Sie das mit dem Wort gekennzeichnete Phänomen nach der Intervention ganz toll finden. MAGIC WORDS soll aber erreichen, daß Sie *mit Kraft und Kreativität* auf das ehemalige Streßwort reagieren. Nur diese innere Überlegenheit garantiert Ihnen die Chance, das Problem meistern oder gar abwehren zu können.

• Vertrauen Sie immer auf Ihre eigenen Ideen bei der Lösungssuche. Die Beispiele aus dem Buch mögen sicherlich oft beeindrucken, jedoch sind für Sie persönlich Ihre eigenen Einfälle am zutreffendsten. Nehmen Sie daher die erwähnten Beispiele nur als Anregung und nicht als feste Vorgabe für Ihre kreativen Gedanken.

• Achten Sie während und nach der Buchlektüre gezielt auf Wortdarstellungen in Ihrer Umwelt: auf Werbung, Gebäudereliefs, Zeitung, Fernsehen, Postkarten, Handschriften, Schriften im praktischen Leben usw. Überall werden Sie die Vielfalt der sinnesspezifischen Präsentation von Wörtern und Namen feststellen können.

Bedenken Sie bitte, daß die Beispiele, die wir hier anführen, aus unserer Arbeit mit Klienten stammen. Wir haben gemeinsam mit Ihnen Zauberwörter gefunden und Sie natürlich dabei unterstützt. Es mag sein, daß Sie etwas länger brauchen, um die richtigen MAGIC WORDS zu finden. In der Regel gelingt es Ihnen aber so schnell wie im vorliegenden Buch beschrieben, Ihre persönliche Wortdarstellung zu entwickeln.

Die systematische Stabilisierung der MAGIC WORDS

Sehr oft sind die mit MAGIC WORDS gestalteten Wörter so beeindruckend, daß sie gleich nach einer Intervention ohne Übung und Wiederholung in das Langzeitgedächtnis übergehen. Noch Monate nach dem »Verzaubern« sind die Bilder und Vorstellungen bei unseren Klienten präsent. Der Sicherheit halber empfehlen wir zusätzlich einige Vertiefungstechniken, die dafür sorgen, daß das Gehirn die Veränderung auch auf lange Sicht stabil »abspeichert«.

Man weiß heute, daß das Gehirn ungefähr vierzehn Tage benötigt, um auch auf organischer Ebene auf eine neue Information, auf ein neues »Imprinting« (Einprägen) zu reagieren. Zunächst sind die veränderten Bilder und Vorstellungen des betreffenden Wortes neue *Nervenreize*. Der Ringtest zeigt ja auch die spontane Reaktion des Nervensystems auf die »Verzauberung« hin an. Neue Nervenreize führen nicht sofort dazu, daß die Nervenzellen neue Verbindungen entstehen lassen. Zunächst verändern Sie die *chemische Reaktion der Nervenzelle*, welche von dem neuen Reiz »berührt« wurde. Diese veränderte Chemie sorgt später dafür, daß die Nervenzelle sich auch nach außen hin, also im Kontakt mit dem gesamten Nervensystem, *neu und anders verhält*: Sie gibt andere elektrochemische Impulse als zuvor weiter. Diese neuen Impulse führen dann später zur Aus- und Umbildung neuer Nervenbahnen und -verbindungen. Dieser Prozeß kann auf nervenorganischer Ebene insgesamt zwei Wochen und länger dauern. Man weiß heute, daß jede, aber auch jede Sinneswahrnehmung Spuren in unserem Nervensystem hinterläßt. So kann man sich die spontane und langanhaltende Wirkung eines MAGIC WORD gut erklären. In unserer Sprache finden wir viele Ausdrücke wieder, die diesen Nervenbahnungsprozeß intuitiv beschreiben. Wir sagen beispielsweise: »Das habe ich noch nicht verarbeitet.« Oder wir müssen eine neue Information »sacken lassen«. Viele Menschen formulieren sogar, daß sie neue Eindrücke erst einmal »verdauen« müssen, bevor sie über diese sprechen können. Dieses Bild ist sogar richtig: Das Gehirn muß tatsächlich die neu aufgenommene »geistige Nahrung« in Körperenergie umwandeln.

Das Wort »Eindruck« beschreibt übrigens sehr anschaulich den Vorgang, welcher von neuen Nervenimpulsen ausgelöst wird: Sie hinterlassen in den Zellen und Nervenbahnen in der Tat »Spuren«, die von den Fachleuten auch immer wieder *Gedächtnisspuren* genannt werden. In diesem Sinne drückt auch die Wortwendung »Jemandem ist etwas in Fleisch und Blut übergegangen« treffend die Tatsache aus, daß Veränderungen im Denken, Fühlen und Verhalten immer ins Gehirn – also ins »Fleisch« – tatsächlich eingegangen und so Teil unseres Körpers geworden sind. Zwar spielen sich diese Prozesse in mikroskopisch winzigen Einheiten ab, die aber nach außen hin große und weitreichende Folgen haben können.

Um die besagten Gedächtnisspuren zu vertiefen, gibt es eine Reihe bewährter Verfahren. Vielleicht erinnern Sie sich noch daran, wie Sie einst das Einmaleins lernten. Da mußten bei bestimmten Aufgaben mehrere Nervenimpulse – das heißt Übungsaufgaben – gesetzt werden, bevor die Nervenverbindungen eine stabile Gedächtnisspur gestalteten. Das entsprechende Üben für bestimmte wichtige MAGIC WORDS hat sich auf folgende Weise bewährt: Sie kaufen sich im Schreibwarengeschäft bunte Aufkleber, von den Kindern heutzutage

»Sticker« genannt. Darüber hinaus kennen Sie sicher auch die bunten Punkte, die man für die Büroorganisation benutzt. Die besagte Führerscheinanwärterin Nina besorgte sich erklärlicherweise kleine bunte Autos als Aufkleber. Genausogut hätten sich natürlich auch schlichte blaue Aufkleberpunkte gemacht. Die kleinen Autos klebte Sie sich überall an Alltagsgegenstände, die sie öfter automatisch benutzen oder betrachten muß. Den Badezimmerspiegel, den Terminkalender, die Innenseite des Telefonhörers, die Kühlschranktür, das Übungsheft für die Theoriefragen ziert nun ein Auto. Nach der »Präparation« ging Sie mehrere Male täglich mit diesen Aufklebern spontan in Blickkontakt. In diesen Augenblicken denkt sie kurz und intensiv – *zehn Sekunden genügen* – an das pastellfarben verzauberte Wort FÜHRERSCHEIN, so, wie es in Ihr eine Kraftreaktion auslöst.

In der Lerntheorie würde man diesen Vorgang »zufälliges Lernen« nennen. Sie üben beispielsweise nicht jeden Abend von 18.00 bis 18.30 Uhr, sondern in kleinen Einheiten, die zufällig über den Tag verteilt sind. Dieses Lernen hinterläßt erwiesenermaßen stabilere Gedächtnisspuren als ein zeitlich-systematisches Vorgehen. Außerdem wird diese neue · und positive Reaktion automatisch mit dem Alltag verknüpft, und die meisten positiven Veränderungen wollen wir ja im Alltag genießen. Nach vierzehn Tagen können Sie getrost mit dieser Vertiefungstechnik aufhören; die Veränderung ist jetzt in Fleisch und Blut übergegangen. Etliche Klienten fühlen sich dabei durch MAGIC WORDS an ein sogenanntes »Mantra« erinnert. Das ist bei fernöstlichen Meditationstechniken ein einzelnes Wort oder eine bestimmte Silbe, die beim wiederholten Denken oder Sprechen positive Energie geben sollen. In allen Weltreligionen und Kulturen findet man seit jeher Rituale, innerhalb derer kraftspendende Worte zur Steigerung mentaler Energien verwendet werden.

Viele Klienten wollten spontan ihre MAGIC WORDS aufma-

A PERFUME THAT'LL TURN YOU ON
DIOR
PARIS

len oder sonstwie verewigen. Die so entstandenen Kunstwerke haben natürlich eine besonders nachhaltige Wirkung. Ich kann auch Ihnen nur empfehlen, sich einmal etwas Zeit zu nehmen und ebenfalls die inneren Bilder von Ihren MAGIC WORDS zu Papier zu bringen. Eine unserer Klientinnen hat sich ein für sie sehr wichtiges Wort, nämlich ICH, welches sie vor dem geistigen Auge in Gold verzauberte, vom Juwelier zu einem Anhänger verarbeiten lassen. Auf jeden Fall sollten die Farben und Formen, welche Sie für die Darstellungen benutzen, von einer ähnlichen Intensität wie die inneren Vorstellungen sein. Vielleicht schauen Sie sich dafür in einem Schreibwarenfachgeschäft nach den entsprechenden Stiften, Materialien oder buntem Papier um.

Betrachten Sie hier als Beispiel auf der Seite zuvor das Kunstwerk eines Klienten, der seinen eigenen Vornamen (ALI) zu einem edlen Markennamen verzauberte.

In wenigen Worten:
Die MAGIC-WORDS-Methode

Vergegenwärtigen Sie sich hier noch einmal die wesentlichen Schritte für eine MAGIC-WORDS-Intervention. In den folgenden Kapiteln finden Sie dann die verschiedenen Lebens- und Themenbereiche, in denen MAGIC WORDS wirken kann.

1. Bestimmen Sie ein *Problem X*.
2. Machen Sie zu diesem Problem eine *STRESSWORT-LISTE*.
3. Testen Sie die einzelnen Wörter mit dem O-Ringtest. Auf welche Wörter reagieren Sie besonders schwach?
4. Wählen Sie sich zunächst für dieses Problem das *zentrale Schlüsselwort* heraus.
5. Wie sehen Sie dieses Wort geschrieben vor dem geistigen Auge?
   - Machen Sie mit Hilfe der entsprechenden Checkliste im nächsten Kapitel die *WORTSTRUKTUR-ANALYSE*.
6. Erschaffen Sie jetzt für dieses Wort eine neue, sinnliche Erfahrung:
   - Wie soll es *geschrieben* sein?
   - Wie soll es sich *anhören*?
   - Wie soll es sich vielleicht *anfühlen*?
   - Welche sonstigen Besonderheiten gibt es?
7. Testen Sie mit dem O-Ringtest, ob aus dem Streßwort jetzt ein stärkendes MAGIC WORD geworden ist.

8. Ist der Muskelring noch nicht stark genug, müssen Sie das Wort noch weiter verändern oder verschönern.

9. Hält der Ring, schaffen Sie sich bitte verschiedene Impulse (Anker), die Sie die nächsten vierzehn Tage an dieses MAGIC WORD erinnern können:
   - Aufkleber,
   - ein Bild, auf dem Sie Ihr MAGIC WORD darstellen,
   - sonstige Erinnerungsanker, wie etwa ein Schmuckstück, ein Kugelschreiber oder ein bestimmtes Parfum.

10. Testen Sie jetzt mit dem O-Ringtest auch die anderen Streßwörter.
    - Haben sich einige durch die erste Intervention mitverbessert? Wenn ja, müssen diese mitgestärkten Wörter nicht mehr verändert werden.
    - Verwandeln Sie aber die noch »schwachen« Wörter – wie oben beschrieben – in MAGIC WORDS.

11. Sehr oft tritt die befreiende Wirkung spontan und unmittelbar ein. In *jedem Fall* sollten Sie aber Ihrem Gehirn zwei bis drei Wochen Zeit geben, um auf diesen neuen Impuls organisch zu reagieren.

Die Liste zur Wortstruktur-Analyse

A. Optische bzw. visuelle Besonderheiten

Schreibweise des Wortes: gedruckt oder geschrieben
- wenn gedruckt: nur Großbuchstaben oder groß und klein gemischt
- wenn geschrieben: die eigene Handschrift oder die einer anderen Person (wenn ja, von welcher?)
- wenn die eigene Handschrift: die jetzige oder eine »jüngere« (z.b. Abc-Schützen-Schrift)

Materielle Beschaffenheit
der Buchstaben: mit Farbe oder Stift aufgetragen (flach) oder aus einem Material gefertigt (z. B. wie in Fels gehauen, wie aus Leuchtbuchstaben, mit Sahne auf eine Torte gespritzt usw.)

Größe der Buchstaben: groß (wie z. B. Schild) oder klein (wie im Buch)

Farbe der Buchstaben: farbig oder dunkel; mit welchem Stift geschrieben?

Buchstabenhintergrund: hell, dunkel, farbig?

Formbesonderheiten: zum Beispiel Buchstaben spitz, fett, »krakelig« usw.

Schriftzugbesonderheiten:	Verlauf gerade, schräg, unregelmäßiges Auf und Ab, usw.
Buchstaben, die aus dem Rahmen fallen:	zum Beispiel einer der Buchstaben ist auffallend groß/schief usw.
Wo im Raum wahrgenommen (bezieht sich auf die Vorstellung):	über mir, vor mir, unter mir oder seitlich von mir
Noch nicht genannte optische Besonderheiten:	. . . .

B. Akustische oder klangliche Besonderheiten
Welche Stimme sagt dieses Wort

vor dem geistigen Ohr:	die eigene, die Stimme von Frau, Mann oder Kind; vielleicht sogar mehrere Stimmen auf einmal
• wenn nicht die eigene Stimme:	Woher kennt man diese innere Stimme?
Lautstärke:	laut oder leise
Tonhöhe des Klangs:	hoch, mittel oder tief
Akustische Besonderheiten:	zum Beispiel »Echo«
Tempo der Aussprache:	schnell, langsam, gedehnt
Wortmelodie:	geschwungen oder eintönig, vielleicht sogar gesungen
Stimmenqualität:	
• im Negativen	jammernd, drohend, militärisch, unheimlich usw.
• im Positiven	freundlich, aufmunternd, anfeuernd, fröhlich, verheißungsvoll flüsternd usw.

Klangquelle im Raum: Wort klingt von hinten, vorn, oben, neben einem, wie »Stereo« (Raumklang)

C. Gefühlsqualitäten
Wenn das Wort aus einem
bestimmten Material besteht,
wie fühlt sich dieses wohl an?: weich oder hart, spitz oder rund, warm oder kalt, leicht oder schwer, Oberflächenbeschaffenheit

D. Sonstige Sinnesqualitäten
Geruch: Wird ein Geruch zur Wortdarstellung assoziiert?
Geschmack: Wird ein Geschmack assoziiert?

E. Mögliche weitere Besonderheiten
Zum Beispiel: Auf dem »i« fehlt der Punkt.
. . . .
. . . .

Auf dieser Liste sind sämtliche sinnlichen Besonderheiten erwähnt, die unsere Klienten bisher im Zusammenhang mit einem innerlich wahrgenommenen Wort genannt haben. Wenn Sie jetzt persönlich an ein Wort denken, so muß dieses natürlich bei weitem nicht alle erdenklichen Varianten enthalten. Viele Menschen sehen ein Wort innerlich ganz einfach handschriftlich geschrieben – ohne jegliche Assoziationen an Geschmäcker oder Gerüche. Das ist selbstverständlich in Ordnung. Konzentrieren Sie sich also nur auf die Wahrnehmungen, welche spontan auftreten. Es könnten aber auch noch Sinnesvarianten auftauchen, die noch nicht auf dieser Liste zu finden sind.

Sicher haben Sie festgestellt, daß einige Sinnesqualitäten in der Wahrnehmung fließend ineinander übergehen. So kann ein Wort sowohl *visuell* aus spitzen Buchstaben bestehen als auch entsprechend subjektiv ein »pieksiges« *Gefühl* vermitteln.

Mit wem zaubere ich
MAGIC WORDS?

Sie wissen jetzt, daß es zur Durchführung von MAGIC WORDS zweier Personen bedarf. Die jeweiligen »Teams« können die unterschiedlichsten Paare sein:

- befreundete Personen,
- Kollegen,
- Mutter und Kind,
- Nachbarn,
- Ehepartner/Lebenspartner,
- Psychologen/Ärzte mit ihren Patienten.

Wichtig ist, daß sich die Testpartner untereinander zunächst sorgfältig auf die individuelle Körperkraft des anderen »kalibrieren«, so wie es im Kapitel über den O-Ringtest ausführlich beschrieben ist. Erst dann kann mit dem eigentlichen »Zaubern« begonnen werden. Der große Vorteil dieser Methode liegt darin, daß Sie auch MAGIC WORDS kreieren können, welche sie Ihrem Teampartner *gar nicht mitteilen müssen!* Sie können also bei Bedarf ihre Intimsphäre schützen und ohne Seelenstriptease mit Hilfe der anderen Person positive Veränderungen durchlaufen. Insofern gibt es keine Einschränkungen in der Wahl der Testpartner – außer einer sehr wichtigen: Man muß sich gegenseitig sympathisch sein.
Beim inhaltsfreien Arbeiten durchlaufen Sie am besten einige

Probetests, in denen Sie Streßwörter benennen und verzaubern, welche Ihr Tester durchaus wissen darf. So kann er sich auf Ihre individuelle Kraft- oder Stärkereaktion kalibrieren. Dann arbeiten Sie folgendermaßen weiter:

- Testperson zum Tester: »Ich möchte jetzt mit einem Wort arbeiten, welches ich nicht ›veröffentlichen‹ will.«
- Tester zur Testperson: »Mach bitte den O-Ring. Denke dann intensiv an das Wort. Ich zähle bis drei und ziehe dann. Sag mir Bescheid, wenn du soweit bist.«
- Entsprechend wird nun der Test durchgeführt.
- Bei einer schwachen Reaktion wird jetzt inhaltsfrei die WORTSTRUKTUR-ANALYSE für das Streßwort durchgeführt. Die Testperson entwickelt dann ein MAGIC WORD, wobei der Tester inhaltsfrei helfen kann, wie zum Beispiel: »Hast du schon überprüft, ob die Aussprache des Wortes vor deinem geistigen Ohr jetzt o.k. ist?«

Ich erwähnte bereits, daß nach ausreichender Trainingserfahrung MAGIC WORDS auch als Selbstmanagementmethode durchgeführt werden kann. Viele Klienten von uns sind so gut trainiert, daß sie die Methode sogar in wichtigen »Life«-Situationen spontan durchlaufen können. Eine uns bekannte Ärztin beispielsweise verzaubert sofort jeden Namen eines Patienten, dem oder der sie ein erstes Mal begegnet. »Ich muß mich täglich auf neue Menschen einstellen – klar, daß das manchmal nicht so einfach ist. Mit dieser Methode bleibe ich jetzt auch bei schwierigen Menschen gelassen und ruhig. Ich kann einen Namen schon während der Begrüßung blitzschnell in ein MAGIC WORD verwandeln.«
Sie können dann ein Wort, welches Sie wie diese Ärztin zunächst für sich allein in der Phantasie verzaubert haben, später nachträglich von einem geeigneten Testpartner auf die angestrebte Kraftwirkung hin überprüfen lassen.

Nach einiger Zeit Testpartnertraining werden auch Sie mit der MAGIC-WORDS-Methode ein bestimmtes Trainingslevel erreicht haben, welches Ihnen ein spontanes Reaktionsvermögen in allen anspruchsvollen Lebenssituationen ermöglicht.

2.
MAGIC WORDS fürs
Selbstbewußtsein

Betrachten Sie einmal den Begriff SELBSTBEWUSSTSEIN in seinem wortwörtlichen Sinn. Von einem Bewußtsein ist hier die Rede, von der gezielten Betrachtung der eigenen Person. Die Wahrnehmung der eigenen Identität, das »Wer und was bin ich?« prägt wie ein zentraler Ausgangspunkt alle anderen Bereiche in unserem Leben. Stellen Sie sich einen Menschen vor, der sich selbst im tiefsten Inneren als Pechvogel oder Versager empfindet. Er wird viel weniger Fähigkeiten in seinem Leben entwickeln als andere Menschen. Beispielsweise wird er sich von vornherein gar nicht erst zu einem Fremdsprachenkurs anmelden. »Das lohnt sich nicht, weil ich dafür sowieso nicht begabt bin«, ist dann die Erklärung.

Je weniger Fähigkeiten nun ein Mensch im Laufe seines Lebens erwirbt, desto eingeschränkter sind auch die Verhaltensmöglichkeiten. Das Tragische ist: Selbst wenn diesem Menschen mit der Versageridentität einmal ein Erfolg gelingt, ist er noch lange nicht »geheilt«. Denn im tiefsten Inneren denkt er, daß der Erfolg nicht zu ihm paßt. »Das habe ich nur mal so geschafft, das war eine Ausnahme.« Ich kenne einen Studenten, der eher verwirrt als erfreut war, als er in der Prüfung eine Eins bekam. »Ich dachte: ›Wissen die Prüfer eigentlich, wen sie da vor sich haben?‹« berichtet er später. »Die können doch nicht mich mit der Eins gemeint haben!«

Besonders einschränkend wirkt diese negative Meinung von sich selbst in Partnerschaften und Freundschaften. Gerade hier können es Menschen mit einem angeknacksten Selbstbewußtsein nicht verstehen, wenn andere sie aufrichtig mögen oder gar lieben. Nein, im Gegenteil, sie lehnen diese positiven Reaktionen der anderen auf die eigene Person sogar ab! »Der muß ganz schön blind sein, wenn er eine Frau wie mich so vergöttert. Kriegt er denn gar nicht mit, wie viele Fehler ich eigentlich habe?« beschrieb eine Klientin ihre Gefühlsreaktion. Diese Frau suchte sich normalerweise unbewußt immer Partner, die sie ausgesprochen schlecht behandelten. Das waren zwar keine schönen Erlebnisse, jedoch entsprachen diese Beziehungen zumindestens ihrem Bild von sich selbst.

Bei so einem Fall nützt es aus psychotherapeutischer Sicht herzlich wenig, mit der Klientin ein Selbstbehauptungstraining hinsichtlich der unerfreulichen Beziehungen mit Männern durchzuführen. Solange sie tief in ihrem Inneren denkt, die schlechte Behandlung würde auch zu ihrem vermeintlich minderwertigen Ich passen, wäre alle Mühe umsonst. Auch dem verzagten Fremdsprachenkandidaten wäre beispielsweise mit dem sehr empfehlenswerten Superlearning oder mit sonstigen modernen Lehrmethoden nicht geholfen. Er wird immer zweifeln: »Ja, ja, das mag ja für viele Leute gut sein . . . Aber bei mir wirkt es sicher nicht, das kenne ich schon!«

Deshalb wollen wir auch bei MAGIC WORDS mit einer ausführlichen *Ich-Stärkung* beginnen, um ein stabiles Selbstbewußtsein als Grundlage für alle anderen Trainingsthemen zu schaffen. Das Vorgehen ist ebenso einfach wie gezielt: Wir beschäftigen uns mit allen *Bezeichnungen*, die unsere Person, unsere Identität ausmachen. In diesen Worten verbergen sich schon sämtliche Wertungen über unser Ich. Das ICH – mit diesem zentralen Wort beginnen wir auch die Ich-Stärkung.

Das Wort »ICH«

Bei allen Wörtern, die wir bisher bei unseren Klienten getestet haben, geht das Wort ICH am häufigsten mit einer Schwächereaktion einher. Neun von zehn Personen werden von ihrer Muskelkraft beim Aussprechen dieses Wortes verlassen. Der Grund für diese traurige Verbreitung der ICH-Wortschwäche liegt nicht nur in der individuellen Lebensgeschichte einzelner Menschen, sondern wohl auch daran, daß dieses Wort an sich in der deutschen Sprache nicht besonders angesehen ist.

»Der Esel nennt sich selbst zuerst«, bekamen die meisten von uns in der Schule zu hören, wenn wir einen oder mehrere Sätze mit »Ich« anfingen. Das geschah in einer Zeit, in der das Selbstbewußtsein eines Kindes gerade zarte Knospen zu treiben begann. Kein Wunder also, daß die meisten Menschen sich nach diesen prägenden Erziehungseinflüssen auch noch als Erwachsene scheuen, das eigene Ich allzu ernst zu nehmen. Es bleibt dann vielmehr der Eindruck haften, daß es etwas nahezu Unanständiges sei, sich selbst wertvoll und gut zu finden.

Bedenken Sie hierzu als Gegensatz das »I« in der englischen Sprache. Das Ich ist hier eines der wenigen Wörter, welches durchgängig groß geschrieben wird. So wird natürlich dem Unbewußten eine besondere Bedeutung dieser zentralen Bezeichnung der eigenen Person mit auf den Weg gegeben. Es würde mich sehr interessieren, wie englischsprachige Menschen im Durchschnitt auf das Wort »I« reagieren – leider hatte ich

bisher nicht die Gelegenheit dazu, zu dieser Frage einschlägige
Erfahrungen zu sammeln.

Kritische Leser könnten an dieser Stelle befürchten, daß MA-
GIC WORDS einem Heranzüchten unausstehlicher Egoisten
Vorschub leisten soll:»Am Ende soll man nur noch an sich
selbst denken«, könnte man befürchten. Jedoch das Gegenteil ist
der Fall. So paradox es klingen mag: Menschen mit einer
stabilen Ich-Stärke denken herzlich wenig an sich selbst! Ihr
stabiles Selbstbewußtsein vermittelt ihnen die beruhigende
Sicherheit, *sich um diesen Bereich nicht besonders kümmern zu
müssen*, denn er funktioniert ja prächtig. Sie spüren in sich
selbst das *dauerhafte* Gefühl, liebenswürdig und wertvoll zu
sein. Angeber und Egoisten können dieses beruhigende Gefühl
der *Ich-Stärke* nicht von sich aus wahrnehmen. Sie brauchen
immer *andere Menschen und äußere Erfolge,* die ihnen das Erlebnis
des Wertvoll-Seins vermitteln. Das so entstandene Selbstbewußtsein ist natürlich von nur kurzer Dauer: Kaum sind die
äußeren Verstärker vorüber, tritt die Ich-Leere wieder ein. Da
sie also von diesen Fremdbestätigungen abhängig sind, müssen
diese Menschen ihnen ständig ruhelos hinterherlaufen. Diese
penetrante und chronisch unzufriedene Suche nach äußeren
Verstärkern für das eigentlich schwache Ich macht sie in den
Augen der anderen zu unangenehmen Egoisten oder Angebern.
Eine Ich-Stärkung würde die nimmersatte Sehnsucht befriedigen und den betreffenden Menschen zu innerer Ausgeglichen-
heit und Ruhe verhelfen.

Interessanterweise reagieren die meisten Menschen mit einer
Ich-Schwäche (im MAGIC-WORD-Sinne) mit Stärke auf
Wörter wie ANDERE, FREUNDE, FAMILIE. Das ändert
sich auch nie, wenn man das Wort ICH stärkt. Dieser Begriff
ist jetzt nur gefühlsmäßig mit der gleichen positiven Wertigkeit
belegt wie die Bezeichnungen für die Mitmenschen. Personen,
die man vielleicht als Egoisten bezeichnen könnte, reagieren
auch auf die andere Menschen betreffenden Wörter mit einer

Muskelschwäche. Das ist auch der Grund dafür, daß sie nicht teilen können – zum Teilen-Können gehört das Vertrauen in die Mitmenschen, daß diese etwas zurückgeben werden. Das trauen die Egoisten ihren Mitmenschen nicht zu. Deshalb können sie nur an sich selber denken. Sie empfinden Angst und Mißtrauen im Kontakt mit anderen.
Bei der WORTSTRUKTUR-ANALYSE sehen die erwachsenen Klienten mit einer Ich-Schwäche das Wort ICH häufig in einer ganz ordentlichen Abc-Schützen-Schrift geschrieben – wie auf der Schulfibel abgebildet. Das Wort entbehrt also in seiner Darstellung jeglichen Einflusses von Erwachsen-Sein oder Individualität, obwohl es doch *das zentrale Wort* für die Bezeichnung unserer Person ist. Es repräsentiert visuell eine Zeit, in der wir uns noch klein und unterlegen fühlten. Häufig sehen die Klienten das Wort klein geschrieben. Manchmal besteht die Stärkung allein schon darin, das Wort in der ausgereiften, erwachsenen Handschrift umzusetzen:

In vielen Fällen ergeben sich auch Unregelmäßigkeiten oder gar reparaturbedürftige Darstellungen in der inneren Vorstellung: Ein »I« ist beispielsweise schief geschrieben und steht kurz vor dem Umkippen. Viele Ichs weisen auch keinen I-Punkt auf.
Sehen Sie auf der nächsten Seite eine weitere Auswahl der Darstellung von »schwachen« Ichs:
Schauen Sie sich einmal das ICH rechts oben an. Das »c« erscheint im Verhältnis zu den Buchstaben »I« und »H« unverhältnismäßig klein. Ich bat die zu diesem ICH dazugehörige Klientin, sich nur das unverhältnismäßig klein geratene »C«

ich

Ic H

J C l

i

c

h

anzusehen: Der O-Ringtest verlief erwartungsgemäß schwach. Beim reinen Anblick der groß dargestellten Buchstaben hielt der Ring. Somit mußten wir für eine positive Wirkung des »C« nur vergrößern oder im Wortlaut der Klientin »aufpäppeln«. Tatsächlich hatte das Wort dann eine sehr stabile Kraftwirkung. Insgesamt profitiert man davon, das ICH sehr groß darzustellen. Machen Sie allein hierzu nur ein kleines Experiment. Nehmen Sie sich zwei gleich große Blätter Papier (vgl. S. 92). Schreiben Sie ICH auf die eine Ecke des einen Blattes mit kleiner Schriftgröße. Malen Sie das ICH mit I als Großbuchstaben dann in großer Schrift zentral und ausfüllend auf das zweite Blatt. Jetzt schauen Sie hintereinander abwechselnd auf diese zwei ICH-Darstellungen, und lassen Sie sich dabei testen. Beim

großzügig dargestellten ICH bleibt der Ring bei den meisten Betrachtern im Gegensatz zur kleinen Schrift stark.
Bunte Farben unterstützen häufig die stärkende Wirkung beim

ICH. Dabei kann jeder Buchstabe eine eigene Farbe bekommen – oder das Wort an sich hat eine bestimmte Lieblingsfarbe. Das »I« muß nicht immer groß geschrieben werden. Einige Klienten verschönern den I-Punkt dann gern und machen ihn zu einem besonderen Schmuck:
In jedem Fall wird das ICH als MAGIC WORD gern sehr

individuell dargestellt. Das »C« wirkt wie ein Regenbogen, das Wort wird wie eine Milchstraße dargestellt, das ICH wächst als spezielle Blütenpracht in einem riesigen Blumenfeld, welches vom Flugzeug aus einsehbar ist, usw. Ein Schüler fand es sehr wichtig, die einzelnen Buchstaben dreidimensional in großen Holzblöcken vor dem geistigen Auge zu sehen. »So bekommt mein ICH im wahrsten Sinne des Wortes eine Form«, erklärte er zufrieden. Herbert fertigte sich sogar selbstbewußt ein neues Türschild: »ICH, Herbert Kroll.«

Gerade bei diesem sehr wichtigen zentralen Wort empfehle ich Ihnen, Ihre persönliche MAGIC-WORD-Idee »life« umzusetzen. Erinnern Sie sich an die weiter vorn erwähnte Klientin, die sich ihr goldenes ICH sogar vom Juwelier zu einem Schmuckstück anfertigen ließ. Lassen Sie Ihr ICH als MAGIC WORD immer wieder auf sich wirken. Sehr schnell werden Sie eine positive innere Wirkung wahrnehmen.

Ein überzeugendes Erlebnis schilderte Michael, ein vierzigjähriger Lehrer: »Man hat mir schon von verschiedensten Seiten gesagt, daß ich immer den Kopf so einziehe und die Schultern hängen lasse. Sport, bewußtes Darauf-Achten, Hinweise von anderen Personen haben in all den Jahren nichts genützt. Wenn ich mir jedoch jetzt mein MAGIC-ICH vor dem geistigen Auge vorstelle, geschieht etwas Seltsames: Wie durch Zauberei wird plötzlich beim Daran-Denken ein bestimmter Nackenmuskel aktiv. Er löst eine Bewegung aus, die meinen Kopf automatisch aufrichtet. Meine Haltung wird gerade. Willentlich kann ich keinen Kontakt zu diesem Muskel bekommen. Die Bewegung wird nur durch das MAGIC WORD ICH ausgelöst – anders kriege ich das nicht hin.«

Erinnern Sie sich an das Kapitel über die *Modulprogramme*. So geht also das verwandelte ICH-Wort von Michael mit der Aktivierung von ganz bestimmten Muskelgruppen einher, die er zuvor bewußt nicht aktivieren konnte. Erst das verzauberte ICH »zieht« über die Modulaktivierung an den entsprechenden Muskelgruppen. Genauso wird Ihr persönliches »MAGIC-ICH« positive Haltungen, Gedanken und Körperprozesse begünstigen, die zuvor unaktiviert brachgelegen haben. Die

Summe dieser Aktivierung wird eine stabile ICH-Stärkung zur Folge haben, auf deren Grundlage Sie sich auch die nächsten MAGIC-WORDS-Themen erfolgreich erarbeiten können.

Der eigene Vorname

»Der gute Name ist bei Mann und Frau das eigentliche Kleinod ihrer Seele«, heißt es in William Shakespeares *Othello*. Aber wie sieht es in der Seele eines Menschen aus, der selbst sogar den eigenen Namen *nicht* als besagtes Kleinod empfindet? Denken wir hier zunächst an den *Vornamen* eines Menschen. In unserer Kultur wird uns dieser Vorname bei der Geburt gegeben. Wir selbst haben uns nicht dazu entschieden. Später können noch Kose- oder Spitznamen folgen, die sich auch eher die anderen als wir selbst ausdenken. Wir kennen eine Gabriele, die abwechselnd blaß und rot wird, wenn man sie – wie üblich bei diesem Namen – GABI nennt. »Ich hatte vier Geschwister und war für alle nur die ›kleine‹ GABI, ich kann's wirklich nicht mehr hören.«

Etwas anders lag der Fall bei einer unserer Seminarteilnehmerinnen gleichen Alters: »Sprecht mich bitte nicht mit EVA an, ich hasse diesen Namen. Meine Freunde nennen mich GUNDI – das ist von meinem Nachnamen abgeleitet«, erklärte sie den anderen. Sie als für diesen Fall neutraler Leser mögen bitte selbst urteilen: Ist nun EVA oder GUNDI für Sie der attraktivere Name? Ich selbst möchte hier gern meine subjektive Meinung durchschimmern lassen und betonen: Für meinen Geschmack ist GUNDI eine entsetzlich alberne Bezeichnung für eine erwachsene Frau, mit der ich mich nicht anreden lassen möchte.

Das Geheimnis, welches einen Namen zum »Kleinod« oder

Schwachpunkt der Seele macht, ist also nicht der Name selbst. Es sind die *Erlebnisse* in meiner Lebensgeschichte, welche ich mit dem Namen verbinde! Es sind die *Modulprogramme*, die mit dem Namen und seinem Klang verknüpft sind. Unsere Eltern gaben uns den Vornamen. Liebten oder haßten wir Mutter und Vater? Die Lehrer riefen uns beim Namen. Waren wir gute Schüler, oder war die Schule eine Qual? Freunde und Geschwister sprachen uns ständig so an. Hänselten sie uns, oder wurden wir von ihnen gemocht oder gar bewundert? All diese Erinnerungen werden von unserem Namen ständig und tagtäglich transportiert. So ergibt es sich auch, daß viele Menschen mit Kraft auf den eigenen Namen reagieren, aber auch etliche mit deutlicher Schwäche. Überprüfen Sie sich hinsichtlich Ihres eigenen Vornamens bitte selbst.

Wolfgang, ein dreißigjähriger Klient von mir, litt ständig unter dem Gefühl, er habe eine unheilvolle Beziehung zum »Tod«. Als wir nach vielen anderen therapeutischen Interventionen zum Thema »Tod« seinen Vornamen testeten, hielt der Muskelring nur ganz schwach. Als ich ihn bat, sich seinen Namen geschrieben vor seinem geistigen Auge vorzustellen, bekam er einen Schreck: Er sah den Namenszug WOLFGANG spontan in Stein gemeißelt vor sich. »Es ist ein Grabstein«, sagte er bestürzt, »und ich assoziiere ganz deutlich den Geruch von verwelkten Blumen – das sind wohl die Kränze.« Nach einer Pause rief er plötzlich aufgeregt: »Aber das ist ja gar nicht mein Grab!« Spontan fiel ihm folgende Familienüberlieferung ein: »Meine Mutter hatte einen kleinen Bruder, auf den sie häufig aufpaßte, da ihre eigene Mutter damals viel arbeiten mußte. Dieser Bruder hieß auch Wolfgang. Er starb mit drei Jahren an einer Lungenentzündung. Meine Mutter machte sich als kleines Mädchen stets Vorwürfe, ob sie auch genug auf diesen Bruder geachtet hätte. Später nannte sie dann ihren ersten Sohn, also mich, nach diesem Wolfgang. Sie erzählte mir diese Geschichte von Kindesbeinen an. Sicher wollte sie mir gegenüber damit ausdrücken, wie wertvoll ich für sie bin. Doch ich muß unbewußt den kleinen toten Wolfgang von damals mit meiner eigenen Person ›durcheinandergekriegt‹ haben!« Er verwandelte WOLFGANG in einen Namenszug, der in seinem Erleben eine ganz neue und für ihn unverwechselbar positive Qualität bekam:»Ich kenne eine ganz tolle Cocktailbar, die einen für meinen Geschmack super Namen in Neonschrift hat. Das ist genau die richtige Schrift für *meinen* Wolfgang!« Der Test gab ihm recht.

Somit wirkt MAGIC WORDS sicher weniger gewaltsam und endgültig als das Ritual bei bestimmten afrikanischen Stämmen, das die Autorin Mircea Eliade beschreibt:»Bei anderen Kuta-Stämmen wird der Neophyt* geschlagen, womit man seinen alten Namen ›töten‹ will, um ihm einen neuen geben zu können.« Wir wissen nie, welche wertvollen Seelenschätze unter Umständen bei so einer Namens- und damit auch Vergangenheitstötung mit verlorengehen. Denn auch ein ungeliebter Name bezeichnet einen Teil unserer Persönlichkeit und unserer Lebensgeschichte. Ein wesentlich kraftvollerer Weg als die gewaltsame Abspaltung ist die *Integration* der alten Namen in eine erwachsene Persönlichkeit und somit die Versöhnung mit chronisch unbeliebten Persönlichkeitsanteilen. Daher sollten Sie auf jeden Fall bei einer Vornamensschwäche mit MAGIC WORDS arbeiten. Selbst wenn Sie wie GUNDI sich die Mühe machen, Ihre Mitmenschen stets über Ihre Lieblingsanrede zu informieren – das Schicksal wird Sie immer wieder einholen. Sei es beim Kontakt mit Behörden, bei Anmeldungen zu Kursen und für die Urlaubsreise, bei jeglicher Beschäftigung mit der Vergangenheit. Natürlich gibt es auch die gesetzliche Möglichkeit, seinen Namen offiziell zu ändern. Jedoch ändern Sie mit dieser Maßnahme nicht das

---

* Neophyt (griech.-lat.): neu gepflanzt, in bestimmte Geheimbünde neu Aufgenommener; aber auch in der alten Kirche durch die Taufe in die christliche Gemeinschaft neu Aufgenommener.

Modulprogramm, welches immer noch irgendwo im Unbewußten jederzeit reaktivierbar mit dem alten, ungeliebten Namen verknüpft bleibt. Verzaubern Sie auch alle Spitz- oder Kosenamen, mit denen Sie jemals gerufen wurden – selbst wenn diese der Vergangenheit angehören. Gehen diese mit einer Stärkereaktion einher, entfällt natürlich die Notwendigkeit, mit MAGIC WORDS zu arbeiten.

Sollten Sie erleben, daß Ihre Kinder in der Schule mit einem Spitznamen gehänselt werden, leistet MAGIC WORDS auch hervorragende Hilfestellung. Wir hörten gerade von einem Fall, wo ein Schüler entsetzlich darunter litt, von allen FROSCH gerufen zu werden. Er reagierte zur Freude seiner Mitschüler mit Heulen und Wutausbrüchen. Der von uns in der Methode geschulte Beratungslehrer half ihm, den FROSCH entsprechend zu verzaubern. Nach nur einer halben Stunde war das Problem gelöst. Der FROSCH löst zum Ärger der Mitschüler jetzt bei besagtem Schüler zuverlässig ein überlegenes Grinsen aus. Mehr Informationen zum Thema »MAGIC WORDS für Kinder« finden Sie in einem späteren Kapitel.

Gerade bei dem eigenen Vornamen ist es sehr wichtig, die positive MAGIC-WORDS-Version in einem Bild oder einem sonstigen kreativen Werk zu verewigen. Er sollte von der Wirkung her immer Ihr Symbol für ein positives Selbstwertgefühl sein.

Der eigene Nachname

Selbst wenn bei Ihnen die Wörter ICH und Ihr VORNAME mit Kraftreaktionen einhergehen, müssen Sie noch Ihren Nachnamen testen. Entweder haben Sie ihn von Ihrem Ehemann »adoptiert«, oder Ihr Nachname stellt auf unbewußter Ebene eine tiefe Verbindung zu Ihrer Ursprungsfamilie her – ob sie das wollen oder nicht. Er bezeichnet Ihre Zugehörigkeit zu Eltern und Geschwistern. Sehr oft liegt eine Schwächereaktion vor, wenn das Verhältnis zur Ursprungsfamilie gespannt oder problematisch ist. Viele Menschen versuchen dann, sich innerlich und äußerlich von Ihren Eltern oder Geschwistern zu distanzieren. Sie kämpfen um eine eigenständige Persönlichkeit, um ein eigenes Profil.

Unser Seminarteilnehmer Michael führte eigentlich einen sehr positiven Nachnamen, nämlich WOHLGEMUT. Er fand ihn schrecklich. Sein Vater hatte als Alkoholiker stets die ganze Familie terrorisiert. Es kam zu peinlichen Szenen vor den Nachbarn. Insofern war keiner der Familie besonders stolz darauf, ein WOHLGEMUT zu sein. Dann gab es in der Schule noch einen Lehrer, der die Schüler stets beim bloßen Nachnamen rief: »WOHLGEMUT, komm an die Tafel!« Kein Wunder also, daß diesem Klienten stets ganz »un-wohlgemut« wurde, wenn er mit dem eigenen Nachnamen in Berührung kam. Doch gerade als Erwachsener werden Sie ja ständig mit Ihrem Nachnamen konfrontiert – sei es auf der Arbeit, bei Behörden oder im Briefverkehr. »Es stimmt tatsächlich, daß

ich innerlich ständig mit einem kleinen Zusammenzucken reagiere, wenn dieser Name fällt«, sagte unser Klient. »Dabei sagen die anderen immer: ›WOHLGEMUT, na, das ist ja ein toller Name! Sind Sie denn auch immer so guter Laune?‹ Also, dann könnt' ich weglaufen!« Wir machten ihm klar, daß er in dieser Situation nicht vor den Leuten, sondern vor seiner eigenen Lebensgeschichte weglaufen möchte. »Stimmt, die können ja weder meinen Vater noch meinen Lehrer kennen und wundern sich sicher über mein Sauertopfgesicht.«
Beim Verändern mit MAGIC WORDS fiel diesem Mann nach langer Zeit auch selbst wieder ganz bewußt auf, daß WOHLGEMUT ohne die persönlichen Lebenserfahrungen tatsächlich vom Sinn her ein sehr positives Wort ist. Das Bild vor seinem inneren Auge sah allerdings anders aus: blasse Krakelschrift auf dunklem Untergrund.

»Bedenken Sie Aussagen wie: ›Jemand hat einen guten Namen.‹ Oder: ›Der/die hat sich einen guten Namen gemacht.‹ Nehmen Sie diese Ausdrücke wortwörtlich, und *machen* Sie sich auch einen guten Namen!« – »Na, dann soll WOHLGEMUT an seinen Sinn angepaßt werden. Ich nehme den Namen beim Wort. Ich mach' die Buchstaben knallbunt und lasse sie gutgelaunt nach oben tanzen.«
Später berichtete er: »Erst jetzt merke ich, wieviel Energie es mich gekostet hat, diesen Namen« mit meinem Vater unbewußt

Wohlgemut

zu ›teilen‹. Jetzt habe ich bei meinem bunten WOHLGEMUT das sichere Gefühl, daß es sich um mein *eigenes* WOHLGE-MUT handelt, mit dem niemand anderes etwas zu tun hat. Ich habe mir wirklich *einen guten Namen gemacht*.«

Sehr sinnvoll ist diese Überprüfung natürlich auch, wenn Sie als Ehefrau den Familiennamen Ihres Mannes angenommen haben. Selbst bei einer guten Ehe könnten Sie durchaus Probleme mit Namensbedeutungen wie STEINBEISSER, HUHN oder THODE haben. Verwandeln Sie mit MAGIC WORDS auch diese positive Kraftspenderin. Sollten Sie den Namen Ihres geschiedenen Mannes tragen, ist eine MAGIC-WORDS-Intervention natürlich besonders wichtig. Denken Sie in jedem Fall noch daran, als Abschluß die Kombination Vor- und Nachnamen zu testen, beispielsweise: YVONNE HEMPEL.

Eine andere Möglichkeit ist der Test des Doppelnamens. Man sollte beide Namen nacheinander prüfen und auch zusammen. Diese Variante kann sicherlich vor Schließung einer Ehe, aber auch zu jeder Zeit danach eine gute Kraftquelle darstellen. In etlichen Kulturen wird es den Menschen ermöglicht, die Namensgebung bewußt in Verbindung mit der eigenen Persönlichkeit und dem eigenen Selbstwert zu erleben, wie der Autor Hans Läng es am Beispiel des nordamerikanischen Stammes »Nootka« beschreibt: »Ein Kind erhielt nach seiner Geburt zuerst einen liebevollen Kose- oder Necknamen, und erst bei der Initiationsfeier wurde der persönliche Name verliehen. Ein Mann konnte im Laufe seines Lebens mit dem Erwerb besonderer Privilegien noch weitere Namen erhalten, die sein Ansehen enorm steigerten.« Vor dem Hintergrund meiner intensiven Erfahrungen mit der Kraft der Wörter erachte ich diese kulturellen Rituale zur Absicherung des Wertes eines Namens als äußerst wichtig für das Selbstbewußtsein eines Menschen. MAGIC WORDS kann durch die individuelle Beschäftigung mit der Struktur des eigenen Namens dieses für die Persönlichkeit wichtige Ritual anderer Kulturen durchaus positiv ersetzen.

Anreden

Wolfgang gilt in seinem Beruf als Experte für ein bestimmtes Thema und wird deshalb ständig zu Vorträgen und Referaten eingeladen. Obwohl er sonst einen sehr selbstbewußten Eindruck macht, ist er bei seinen Vorträgen meist schrecklich nervös. Der Grund für dieses Unwohlsein war ihm bislang jedoch völlig schleierhaft: »Die Leute schätzen mich, ich bin gut vorbereitet, und mit Kritik muß ich auch kaum rechnen, da ich mich – wie bei einem Experten halt üblich – sehr gut mit meinem Thema auskenne. Irgendwie ist diese Nervosität auch kein Lampenfieber. Es ist ein ganz seltsames Phänomen, das ich überhaupt nicht erklären kann.«
Auf das Wort ICH und auf seinen Vor- und Nachnamen reagierte er mit einer Kraftreaktion. Dann überprüften wir noch die Anrede der anderen Menschen an ihn: HERR DOKTOR SCHRÖDER. Der O-Ring ging völlig kraftlos auseinander. Als Wurzel des Übels erwies sich das HERR DOKTOR. »Nun, ich bin nicht der einzige HERR DOKTOR SCHRÖDER, den ich kenne«, sinnierte er. »Auch mein Vater wurde so angeredet. Der hatte jedoch einen ganz anderen Beruf als ich; er war ein angesehener Arzt in unserer Kleinstadt, meinem Geburtsort.« Ich fragte nach seinem Verhältnis zum Vater. »Er war natürlich eine angesehene Persönlichkeit, da fast jeder Mensch auf der Straße Patient von ihm war. Zu uns Kindern verhielt er sich sehr autoritär, worunter ich stets litt. Aus heutiger Sicht würde ich urteilen, daß er einen ziemlichen

Dünkel hatte. Er fand es äußerst selbstverständlich, daß ihm alle mit Ehrerbietung und Achtung begegneten. Natürlich wurde er überall – wie damals noch üblich – mit HERR DOKTOR angeredet. Meine Mutt war FRAU DOKTOR – ohne daß sie auch nur einen Tag ihres Lebens in der Universität verbracht hatte. Mein Vater hatte die Angewohnheit, viele seiner erwachsenen Patienten zu duzen. ›Tag Erwin‹, hieß es – und ›Tag, HERR DORKTOR‹, kam die Antwort. Dabei konnte ›Erwin‹ durchaus der Vater meines Klassenkameraden sein. Im Alter von vielleicht zehn Jahren waren mir diese ungleichen Anreden entsetzlich peinlich. Ich fühlte mich bei diesen Szenen richtig körperlich unwohl. Es war für mich so schlimm, daß ich vermied, gemeinsam mit meinem Vater gesehen zu werden.« Auch heute, als erwachsener Mann, legt Wolfgang großen Wert auf einen gleichberechtigten Umgang mit anderen Menschen. Er lehnt jeden Dünkel und alles »Getue« um seine Person ab. Somit erwies sich das nervöse Gefühl bei Vorträgen tatsächlich nicht als Lampenfieber, sondern als die unbewußte Angst, von den anderen Menschen – ähnlich peinlich – auf einem hohen Roß wahrgenommen zu werden, so, wie er als kleiner Junge den Vater erlebte. Das ganze Problem wurde nur noch dadurch »verschlimmert«, daß er auf seinem Gebiet als Experte galt und somit automatisch die Bewunderung der Zuhörer programmiert war. Es mußte nur jemand sagen: »Und jetzt wird uns HERR DOKTOR SCHRÖDER über Thema X berichten«, schon fühlte er sich schlecht. Schon ein simples »Guten Tag, HERR DOKTOR SCHRÖDER« war also in der Lage, die unbewußte Schwächereaktion zu provozieren.

Es war natürlich nicht verwunderlich, daß Wolfgang bei der WORTSTRUKTUR-ANALYSE spontan die Anrede HERR DR. SCHRÖDER in der altmodischen Handschrift seines Vaters vor dem geistigen Auge sah. Bei MAGIC WORDS fiel ihm dann ein, daß er privat nichts mehr schätzt, als zusammen mit netten Leuten ein schönes, gepflegtes Bier zu trinken. Er machte aus HERR DR. SCHRÖDER ein wunderschönes Bierflaschenlabel in der goldenen Schrift seiner Lieblingsbiersorte. »Das wirkt auf mich gemütlich, fröhlich, liebenswert und gesellig – genau, wie ich mich im Kontakt mit anderen Menschen gern sehe.« Beim O-Ringtest hielten die Muskeln bombenfest. »Bei diesem Schriftzug kann es sich *hundertprozentig nicht* um meinen Vater handeln. Das *muß* ich sein«, kommentierte er zufrieden das Ergebnis. Wolfgang ist kein Alkoholiker und wird auch keiner werden. Sein neues »Label« hilft ihm dabei, sich selbst auch als HERR DOKTOR sympathisch und liebenswert zu finden.

Interessant ist noch Carmens Fall. Carmen reagierte mit Schwäche auf die Anrede FRAU im Nachnamen. Als ich sie bat, für die WORTSTRUKTUR-ANALYSE FRAU PETZOLD vor dem geistigen Auge zu sehen, konnte sie nur ihren Nachnamen Petzold visualisieren. »Ich schaffe es nicht, mir das Wort FRAU vorzustellen; da ist nur ein Nichts vor dem geistigen Auge.« Das war sehr verwunderlich, da Carmen sonst sehr gut visualisieren kann. Also mußte sie die Anrede FRAU PETZOLD beim Verzaubern real aufmalen. Als ihr das in ihren Lieblingsfarben gut gelungen war, las sie FRAU PETZOLD beim O-Ringtest von ihrem Blatt Papier ab. Die FRAU bestand den Test.

Vielleicht haben Sie schon vermutet, daß Carmen auch sonst unbewußte Probleme mit ihrem Frau-Sein hat. Das stimmt. Wir hatten diese Problematik schon oft in der laufenden Psychotherapie bearbeitet. »Mir hat aber die Stärkung des Wortes FRAU mehr geholfen als die Gespräche. Noch nie habe ich eine so befreiende und langanhaltende Wirkung bei meinem Thema Weiblichkeit gespürt.«

Im Zuge der Gleichberechtigung können Männer gern auch das Wort MANN stärken. Testen Sie aber auf jeden Fall die Anreden, mit denen die Mitmenschen Ihre Person bezeichnen: FRAU, HERR, FRÄULEIN und TITEL. Denn sollten diese

Anreden unbewußt Schwächen auslösen, haben Sie ein völlig unkalkulierbares Problem: Sie können es sich nicht aussuchen, wann die anderen Sie wie ansprechen. Dementsprechend trifft Sie eine mögliche Schwächereaktion völlig unvorbereitet. Sorgen Sie mit MAGIC WORDS dafür, daß dies nicht passieren kann. Auch Ihre Berufsbezeichnungen wie beispielsweise SEKRETÄRIN, POLIZIST oder LEHRER sollten unbedingt eine Kraftreaktion bei Ihnen hervorrufen. Das stärkt Ihr Durchsetzungsvermögen. Der Alltag ist hart genug. Sie müssen nicht noch unnötig Energie verzehren, wenn Sie allein nur angesprochen werden.

Zuverlässiges Selbstbewußtsein

Als Abschluß zum Thema SELBSTBEWUSSTSEIN sollten Sie noch diesen Begriff selbst und das Wort SELBSTVERTRAU-EN stärken, damit diese Wörter tatsächlich zu den MAGIC WORDS Ihrer persönlichen Stärke werden. Meine Klientin Katja war schon als Kind sehr schüchtern gewesen. Beide Elternteile waren von ihrer Ängstlichkeit oft völlig genervt. »Nun sei doch auch mal ein bißchen selbstbewußt«, bekam Katja ihre ganze Kindheit hindurch zu hören. Doch diese permanente Aufforderung machte alles nur noch schlimmer. »Ich weiß ja, daß ich selbstbewußter sein sollte«, jammerte sie im Gespräch ganz unglücklich und schuldbewußt, »aber ich habe keine Ahnung, wie ich das machen soll.« Durch meine tägliche Praxis kann ich heute sofort an Mimik, Stimme und Körperhaltung sehen, ob ein Klient unbewußt mit Angst oder Schwäche auf ein Wort reagiert. Katjas Miene rutschte völlig aus der Form, wann immer sie selbst das Wort SELBSTBE-WUSST aussprach.

Viele Menschen haben wegen ähnlicher zwischenmenschlicher Hintergrundspannungen sehr kraftvoll gemeinte Worte als Streßwort aufgenommen. Ähnlich paradoxe Phänomene habe ich schon mit Begriffen wie KRAFT, DURCHSETZEN oder gar GEWINNEN erlebt. Anstatt der Wortbedeutung nachzu-kommen, fühlen sich die Menschen durch eine unglückliche Verbindung an ein Angst-Modulprogramm fast gegenteilig aktiviert.

Es spricht für sich, wie Katja das gewisse Wort spontan sah:

selbst **Bewußtsein**

Entsprechend nahm Katja folgende Veränderung vor:

Selbst-

bewußtsein

Vielleicht mögen auch Sie diese für die Kraft Ihrer Persönlichkeit wichtigen Worte für sich stärken. Vielen Menschen hilft es sogar, die *eigene Adresse* zu stärken. Auch Attacken auf Ihr Selbstbewußtsein in Form von Beleidigungen oder gar Schimpfwörtern fangen Sie mit MAGIC WORDS wunderbar auf. Wir kennen einen Ringer namens John, dessen Angstgegner ihm kurz vor dem Kampf stets spöttisch zurief: »Na, du Verlierer!« Seitdem John dieses Wort in riesigen Goldbuchstaben sieht (die Farbe des ersten Platzes), löst Verlierer bei ihm ungeahnte Kraftreserven aus. Der bedauernswerte Gegner weiß leider nicht, daß er John jetzt bei jeder VERLIERER-Anrede gratis mentale Kraftspritzen liefert. Sicher kann er sich auch nicht erklären, warum John jetzt immer gegen ihn gewinnt.

3.
MAGIC WORDS und Gefühle

Gefühle erinnern uns daran, lebendige Wesen zu sein. Es liegt in der Natur des Gefühls, daß es einfach erscheint – ohne zu fragen, ob jetzt der richtige Zeitpunkt dafür sei. Heißt es doch so schön: »Wo die Liebe hinfällt, wächst kein Gras mehr.« Oft ist das Gefühl des Menschen also stärker als der Verstand und besiegt existierende Werte und Normen. Dabei ist die Liebe ein sehr schönes Beispiel für die Kraft der Gefühle. Wie aber ergeht es uns, wenn diese starken Kräfte sich in Form von Ängsten, Depressionen oder Nervosität einen Raum in unserem Leben einnehmen?

Natürlich haben diese Emotionen einen sehr berechtigten Platz in unserem Dasein. Wie würden wir uns in Sicherheit bringen, wenn wir keine Angst haben könnten? Wie oft zwingt uns Nervosität dazu, auf dem Teppich zu bleiben und uns nicht selbst zu überschätzen? Und wie vielen Menschen war eine Depression schon ein tief bewegender Anlaß, um ein sinnentleertes Leben zu ändern?

So wahr diese Überlegungen sind, ich habe im hautnahen Kontakt mit leidenden Menschen diese Ausführungen oft auch als eine Art »Psychoromantik« erleben müssen. Hat ein Mensch tatsächlich Angst, allein nur über eine Brücke oder in ein Kaufhaus zu gehen, so erleidet er beträchtliche Einbußen in der Lebensqualität und der persönlichen Freiheit. Vor dem Hintergrund dieses Leidensdrucks ist in vielen Fällen die Forderung zu simpel, daß dieser Mensch die »Angst annehmen«,

»mit ihr leben lernen« oder lauschen soll, »ob die Angst einem etwas sagen will«.

Erforderlich ist hier eine schnelle und einfache Hilfe wie MAGIC WORDS, die ohne die Gefahr eines Suchtpotentials – wie etwa bei Medikamenten – durch eigene Kraft erst einmal eine Linderung und dann einen Ausstieg aus dem Teufelskreis ermöglicht.

Aus Ängsten werden Stärken

»Ich leide schon mein ganzes Leben unter Ängsten«, klagte Ute. »Zwar habe ich keine Platz- oder Hundeangst, aber Angst an sich scheint in mir tief drinnen ein Grundgefühl zu sein.« Ute saß die Angst sprichwörtlich im Nacken: die Schultern hochgezogen, den Kopf leicht gesenkt, Blick von unten nach oben gerichtet. Als Folge litt sie unter permanentem Mißtrauen anderen Menschen gegenüber und unter der ständigen Befürchtung, selbst zu versagen.

Bei der WORTSTRUKTUR-ANALYSE sah Ute ANGST in einer Schrift, die – wie bereits beschrieben – oft bei Streßwörtern auftaucht: die ordentliche Abc-Schützen-Schrift aus der ersten Klasse. »Ich hatte einen furchtbar cholerischen Lehrer in der Grundschule«, erinnerte sie sich daraufhin. »Besonders mich hatte er ständig im Visier. Meine Mutter war selbst zu ängstlich, um sich über die Behandlung zu beschweren. ›Benimm dich gut und sei artig‹, war ihr wertvoller Tip für mich.«

Bei der Entwicklung des MAGIC WORD griff Ute mit allen Mitteln in die Phantasiekiste: »Ich liebte als Kind den Walt-Disney-Film *Alice im Wunderland.* – Kennen Sie den auch?« Schon bei diesem Satz wirkte Ute plötzlich lebensfroh und glücklich. Die Schultern lockerten sich spontan, und sie sah mir gerade, mit erhobenem Kopf in die Augen. »Also, die ANGST besteht jetzt aus riesigen, flauschig-weichen, bunten Buchstaben, die mir bis zur Schulter reichen. Sie wirken wie freundliche Wesen, haben jeder ein Gesicht und können hüpfen. Alle stellen sich im Halbkreis schützend um mich herum auf. Ich fühle die kuschelige Wärme des leichten, flauschigen Materials. Das ist richtig schön.«

Ute fühlte sich auf der Stelle von der permanenten Grundangst befreit und blühte innerhalb der nächsten Wochen in einem neugewonnenen Selbstvertrauen auf. Offensichtlich hatten wir mit der ANGST ein zentrales Schlüsselwort für Utes Probleme zu einem MAGIC WORD verwandelt und somit eine Generalisierung der positiven Veränderung erreicht. Es blieb trotz der spürbaren Erleichterung noch ein kleiner Zweifel an der Güte der Veränderung: »Theoretisch ist Angst doch eine wichtige Fähigkeit im Leben. Angst beschützt mich vor Gefahren und vor Selbstüberschätzung«, warf Ute nach zwei Wochen ein. Wir einigten uns darauf, daß die Angst eigentlich ein Bestandteil der Überlebensfähigkeit eines Menschen darstellt. Genau dieses Wort testeten wir dann. Der O-Ring hielt bei ÜBERLE-BENSFÄHIGKEIT stabil. So wußten wir sicher, daß Ute auch beim Überleben in Zukunft sinnvoll geschützt bleiben würde.

»Wenn ich's mir jetzt noch einmal überlege: Eigentlich beschützen mich diese freundlichen Flauschbuchstaben ja auch«, fiel Ute dann noch ein.

Bei Angstpatienten wie Ute ist das Wort ANGST schon lange mehr keine Bezeichnung für eine sinnvolle Überlebensstrategie. Es ist im Laufe der Leidensgeschichte ein Synonym für Leiden, Isolation oder gar Gefangenschaft geworden. Diese Einschränkungen der Lebensqualität können wir mit MAGIC WORDS ändern oder abmildern. Eine Überprüfung der ÜBERLE-BENSFÄHIGKEIT nach der ANGST-Veränderung wäre sicher bei jeder Angstproblematik sinnvoll. Nicht jede Veränderungsidee muß ähnlich bildreich wie bei Utes »Alice-im-Wunderland«-Bild ausfallen, um zu wirken.

Monika, eine Klientin mit ausgeprägter Höhenangst, setzte ihre Angst in der Wortstruktur mit folgendem Trick schachmatt:

∀ngst

Ähnlich verfuhr sie in der gleichen Sitzung mit dem Wort HÖHE. In der WORTSTRUKTUR-ANALYSE sah sie das Streßwort zunächst so:

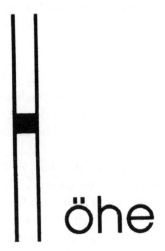

Kurzerhand setzte sie dem Streß folgendermaßen ein Ende:

Schon am nächsten Morgen nach diesen Interventionen konnte sie in Hamburg angstfrei über eine Brücke gehen, was zuvor jahrelang nur verbunden mit Schweißausbrüchen möglich war. Zu allem Überfluß begab sich Monika an diesem denkwürdigen Morgen sogar siegessicher an das *Brückengeländer!* »Ein kleiner Schritt für einen Menschen, aber ein großer für Ute«, war ihr Kommentar dazu. Ähnlich wie Monika sollten auch Sie bei einer Angstproblematik eine Streßwort-Analyse vornehmen, die alle mit der Angstsymptomatik häufig verbundenen Wörter berücksichtigt. Monikas Liste sah zunächst so aus:

- ANGST,
- HÖHE,
- BALKON,
- BRÜCKE,
- FLUGZEUG.

Die Wortfolge hatte sie nach subjektiver Streßwirkung der einzelnen Begriffe geordnet. Die Höhen- und die Flugangst waren bereits mit den MAGIC WORDS ANGST und HÖHE weggeneralisiert worden; BALKON mußten wir dann noch extra »behandeln«.
Jürgen, ein Klient mit Flugangst, brachte eine andere Reihenfolge in seine Streßwortliste:

- GESCHWINDIGKEIT,
- ANGST,
- FLUGZEUG usw.

»Die wahnsinnige GESCHWINDIGKEIT ist eigentlich mein größtes Problem. Sie ist erst da, und dann kommt die Angst.« Bezeichnenderweise sah er GESCHWINDIGKEIT als Streßwort so:

»Außerdem höre ich immer ein blitzschnell sausendes Geräusch vor dem inneren Ohr, wenn dieses Wort fällt«, fiel ihm bei der WORTSTRUKTUR-ANALYSE auf. Das Geräusch sehen Sie in der Grafik auch symbolisch dargestellt. »Von wo nach wo saust der Klang?« fragte ich. »Von links nach rechts rüber«, antwortete Jürgen. Zunächst gestaltete er »sein« MAGIC WORD so:

»So wirkt das Wort solide und verläßlich. Meine Angst verschwindet sofort bei diesem Anblick. Jetzt kann ich wirklich glauben, daß der Pilot uns sicher ans Ziel bringt.« Einen wirksamen Effekt hatte auch mein Vorschlag, das Geschwindigkeitsgeräusch von rechts nach links, quasi »rückwärts«, klingen zu lassen (grafisch vorgestellt). »Ich kann's nur so beschreiben: Das Geräusch so herum vorgestellt macht mir plötzlich den Kopf klar und vertreibt auch noch die allerletzte Angstspur.« Beim Begriff GESCHWINDIGKEIT konnte jetzt die Haltekraft beim Muskeltest zuverlässig gestärkt werden. Alle anderen Streßwörter waren von der positiven Wirkung miterfaßt worden.

Jürgen muß aus beruflichen Gründen mehrmals die Woche fliegen. Seit unserer MAGIC-WORDS-Intervention vor einem halben Jahr hat er keine Flugangst mehr. »Beim Starten sehe ich vor dem geistigen Auge jetzt immer meine ›solide‹ Geschwindigkeit – und bleibe ruhig und gelassen. Ich fühle mich sogar ganz besonders stark und sicher bei diesem Wort.« Arbeiten Sie ähnlich wie Jürgen, wenn Sie einen ganz bestimmten Angstauslöser dingfest machen können. Die meisten Menschen wissen theoretisch sehr genau, daß bestimmte ihrer Ängste irrational sind. »Ich weiß, daß SPINNEN nützliche Tiere sind und daß wirklich gefährliche SPINNEN gar nicht in unseren Breitengraden existieren«, erzählte Barbara, »aber alle vernünftigen Informationen gehen in meinen Horrorvorstellungen unter, wenn ich eine Spinne sehe.« Entsprechend »spinnig« sah Barbara auch das Streßwort:

Wir gestalteten gemeinsam die SPINNE so um, daß die Wortstruktur auch die positiven Informationen über dieses Insekt wiedergeben konnte:

»Am Wochenende habe ich das erste Mal beobachtet, wie eine Spinne ihr Netz baut – und ich war total fasziniert von diesem Anblick. Anfassen würde ich so ein Vieh aber immer noch nicht.« Das ist auch nicht das Ziel einer MAGIC-WORD-Intervention. Das Ziel ist, in Kontakt mit seiner inneren Stärke zu bleiben – *und zwar gerade, wenn ein möglicher Angstauslöser auftaucht!*

Depressionen werden bunt

Im Kapitel zuvor haben Sie an einigen Beispielen erlebt, daß die Wahl bei MAGIC WORDS nicht zwangsläufig nur auf bunte Buchstaben oder Wortdarstellungen fallen muß, um Erfolge zu erzielen. Bei depressiven oder depressionsähnlichen Stimmungen jedoch würde ich das Bunt- und Hellmachen der betreffenden Wörter als Standardversuch vorschlagen. Doch beachten Sie auch bei diesem Vorschlag, daß das »letzte Wort« immer bei ihrer positiven Muskelreaktion im O-Ringtest liegt. Nur ihr eigener Körper sagt ihnen, ob aus einem Streßwort ein MAGIC WORD geworden ist.

Bedenken Sie hier noch einmal die meist unbewußt transportierte Weisheit unserer Sprache. »Ich sehe schwarz für die Zukunft«, heißt es. Oder: »Es ist alles grau in grau.« »Finstere Gedanken« begleiten den Pessimisten – im Volksmund auch Schwarzseher genannt –, und die Farbe Schwarz wird in vielen Kulturen als die Farbe der Trauer empfunden.

Es gibt heute ernstzunehmende Forschungsergebnisse, die einen deutlichen Zusammenhang zwischen tatsächlicher Dunkelheit und Depressionen beschreiben. Ebenso scheint hochdosiertes Tageslicht tatsächlich die Stimmung schwermütiger oder depressiver Menschen »aufzuhellen«. Entsprechend beschreibt unsere Sprache auch den Zusammenhang zwischen positiver Stimmung und Helligkeit: »Hab' Sonne im Herzen« – so fängt beispielsweise ein alter Poesiealbumspruch an. Ergreifende religiöse Erlebnisse werden kulturübergreifend immer im Zusammenhang mit Lichtphänomenen geschildert – denken Sie nur an das Wort »Erleuchtung«.

Man geht heute davon aus, daß das Farbsehen nicht in unserer Umwelt, sondern in unserem Gehirn selbst entsteht. Bestimmte Neurone erbringen auf elektrochemischer Ebene und somit auch auf Stoffwechselbasis gezielte Leistungen, die wir dann in unserem Erleben als Farben interpretieren. Das gilt nicht nur für die Verarbeitung von durch das Auge weitergeleiteten Außenreizen, sondern auch für die Produktion innerer Bilder, wie beispielsweise Ideen, Gedanken oder Erinnerungen. Wie sonst könnte man die Zukunft »in den schönsten Farben ausmalen« oder die berühmte »rosarote Brille« tragen?

Heute weiß man, daß auch Depressionen und sonstige Verstimmungen mit Schwankungen im Gehirnstoffwechsel einhergehen. Vielleicht ist die innere Dunkelheit im Sinne eines parallelen Modulprogramms mit ein Resultat dieser Stoffwechselentgleisung. Es kann also vor dem Hintergrund des Zusammenspiels der Module sehr gut sein, daß ein beispielsweise durch MAGIC WORDS erzieltes inneres Farbsehen auf neuronaler Ebene gleichzeitig depressionslindernde Stoffwechselreaktionen im Gehirn auslöst oder begünstigt. Geschieht das sogar mit dem Wort DEPRESSION, ist die Farbe genau dort plaziert, wo sie die gravierendste positive Veränderung bewirken kann.

Ähnlich positiv wirkt bei vielen Menschen offensichtlich auch die *Beleuchtung* der beteiligten Buchstaben – vergleichbar den Effekten der Schaufensterreklame. Der Schweizer Forscher Albert Hoffmann, der bei seiner Arbeit zufällig das LSD entdeckte, beschreibt in seinem Buch *LSD – mein Sorgenkind* eindrucksvoll seine Theorie über das tiefe Bedürfnis der meisten Lebewesen nach starken Lichterlebnissen. Er zeigt auf, wie seiner Meinung nach diese Lichtwahrnehmungen als körpereigener Prozeß in unserem Gehirn auch als rein mentales Erlebnis, also ohne reale Lichtquellen von außen, entstehen kann. Wieder gibt unsere Sprache Hinweise auf die Richtigkeit von Hoffmanns Theorie. Jemand ist ein »helles Köpfchen«, weil er vielleicht viele »Gedankenblitze« hat. Es soll Menschen geben, denen nicht nur ein Licht, sondern gar »ein ganzer Kronleuchter« angeht. Positive Stimmungsveränderungen werden subjektiv stets mit Erlebnissen von gesteigerter innerer Helligkeit dargestellt, auch wenn es zunächst nur ein »Hoffnungsschimmer« ist.

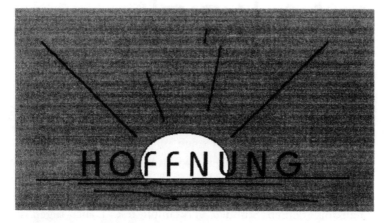

Heutzutage sind die Wörter DEPRESSIV oder DEPRESSIONEN Bestandteil unserer Umgangssprache geworden. Nicht nur psychiatrische Erkrankungen, sondern auch eine vorübergehende Verstimmung oder Niedergeschlagenheit werden mit

diesen Wörtern betitelt. Zur Linderung dieser niederdrücken-
den Stimmungen sollten Sie sich – wie immer – eine *Streßwortliste* machen, in der das Wort DEPRESSIONEN und die
zusätzlichen Auslöser der Niedergeschlagenheit aufgenommen
werden, wie beispielsweise EINSAMKEIT oder SCHULDEN.
Oft werden diese begleitenden Streßwörter bei der WORT-
STRUKTUR-ANALYSE als recht große Gebilde empfunden.
Kein Wunder, daß sie das Leben hoffnungslos unveränderbar zu
regieren scheinen. Eine positive Kraftreaktion setzt hier oft ein,
wenn die Wortdarstellung des MAGIC WORD klein oder
verspielt, also im symbolischen Sinne handhabbar, gestaltet
wird:

Hat die DEPRESSION gar mit dem Tod oder der Trennung
von wichtigen oder geliebten Menschen zu tun, sollten Sie
auch die Namen dieser Personen mit MAGIC WORDS verändern, bis die Muskelring-Reaktion im O-Test stabil ist. Viele
Menschen halten beispielsweise nach dem Tod eines geliebten
Menschen an meist belastende Erinnerungen der zuletzt gemeinsam erlebten Stunden verkrampft fest. Dabei tilgen sie
gleichzeitig für eine lange Zeit innere Bilder und Gedanken
von kraftspendenden und positiven Erlebnissen mit diesem
wichtigen Menschen. Machen Sie es sich in einem solchen
Fall zur Aufgabe, den betreffenden Namen mit der MAGIC-

WORD-Methode zu einem *Denkmal* für die liebenswerte und wertvolle Persönlichkeit des Verstorbenen werden zu lassen.

Depressionen, Trauerreaktionen oder Phasen von Niedergeschlagenheit stellen oft wichtige Gefühle im Leben eines Menschen dar, da sie zur Besinnung und zum Innehalten zwingen. Man könnte einwenden, daß mit MAGIC WORDS diese Gefühle unangemessen schöngefärbt oder gar verdrängt werden sollen. Das Gegenteil ist der Fall: Man erreicht, daß die auslösenden Probleme *überhaupt einmal* angeguckt werden. Denn oft ist die Depression – oder die depressive Reaktion – nichts anderes als ein mächtiger und kraftzehrender Unterdrückungsversuch von problematischen und belastenden Gedankeninhalten. Diese Inhalte lassen sich als Bilder zwar wegdrängen, landen jedoch dabei als unerträglicher Ballast in der Gefühlswelt. MAGIC WORDS transformiert die problematischen Gedanken in erträgliche visuelle oder akustische Verarbeitungsmuster, die eine sinnvolle und bewußte Konfrontation mit den Problemen erst wieder möglich machen.

Eine ältere Patientin veränderte beispielsweise den Namen ihres erwachsenen Sohnes, der sie jahrelang immer wieder tief gekränkt und enttäuscht hatte. Anstatt sich zu wehren und ihm die Meinung zu sagen, war sie immer trauriger und depressiver geworden. Erst nach der MAGIC-WORDS-Intervention konnte sie die Tatsache wahrnehmen und aushalten, daß ihr Sohn sie nach Strich und Faden ausnutzt. Als er sich das nächste Mal – wie schon oft zuvor – Geld von ihr leihen wollte, konnte sie ihm mit »zwar klopfendem Herzen«, aber doch recht deutlich ihre Meinung sagen. Der offen riskierte Streit mit dem Sohn war natürlich kein angenehmes Erlebnis für unsere Patientin, doch sie fühlte sich »auf einen Schlag wieder tatkräftig und lebendig«.

Es gibt noch einige Wörter, die bei Depressionen oder Niedergeschlagenheit gestärkt werden könnten:

- ZUKUNFT (siehe das Kapitel »MAGIC WORDS und Zeitplanung«),
- SELBSTBEWUSSTSEIN (siehe das Kapitel »Die MAGIC-WORDS-Methode«),
- KRAFT.

Es ist gerade bei Depressionen wichtig, daß diese positiven Wörter eine Art neuer und anziehender Energie in Form von Bildern für die Betroffenen erhalten. Die bekannte Familientherapeutin Virginia Satir sagt hierzu: »Worte haben keine Energie, solange sie nicht ein Bild auslösen. Das Wort an sich bedeutet nichts, gar nichts . . . Eins der Dinge, an denen ich immer dranbleibe, ist: ›Welches sind die Worte, die bei den Menschen Bilder auslösen? Denn die Menschen folgen dem Gefühl des Bildes.‹ MAGIC WORDS kann der erste Schritt dazu sein, daß die positiven Worte wieder Bilder im niedergeschlagenen Menschen auslösen und er so dem Gefühl der positiven Worte folgen kann« (zitiert nach C. Andreas in *Mit Herz und Verstand*).

Letztlich muß ich noch erwähnen, daß die meisten depressiven oder depressiv verstimmten Menschen insgesamt eine schwache Reaktion im O-Ringtest aufweisen. Daher kann auch die *Thymusdrüsenstimulation* auf der Basis der Stoffwechselfunktion einen inneren Stabilisierungsprozeß hin zum seelischen Gleichgewicht fördern.

Aus Streß wird Spaß

Genau wie DEPRESSION ist heutzutage auch das Wort STRESS in aller Munde. Wir bezeichnen mit diesem Begriff sowohl Überforderungen auf körperlicher als auch seelischer Ebene: Streß durch Überanstrengung und Leistung, Streß durch Bedrängnis und Gefahr, Streß im Zusammensein mit gewissen Mitmenschen und – Streß durch Streßwörter. Sogar als Adjektiv hat das Wort sich schon etabliert: Der eine leidet unter einer stressigen Arbeit, der andere hat diesmal eine stressige Woche zu überstehen.

Sicher benutzen wir dieses Wort heutzutage zu oft im negativen Sinne, denn viele Anstrengungen im Alltag sind wichtig für die körperlich-seelische Gesundheit eines Menschen. Niemand sollte sich als Reaktion auf die überall vernehmbare Streßdiskussion ängstlich in Watte packen. Streß ist auch gut. Wir sprechen hier vom *positiven Streß*, den viele Menschen einfach zum Ausleben ihrer Fähigkeiten benötigen. Wie immer kommt es auch beim Streßthema auf die richtige Dosierung im Leben an. Ja, viele Menschen können sich sogar erst nach einer intensiven Anstrengung richtig erholen. Ohnehin können kurze Phasen von Streß durch Entspannung, Abwechslung und vor allem durch *Lebensfreude* immer wieder ausgeglichen werden. Das gilt vor allem für die körperlichen Reaktionen, die den Streß begleiten: Ausschüttung des Streßhormons Adrenalin, hohe Muskelspannung im ganzen Körper, flache und schnelle Atmung, Verengung der Gefäße usw.

Was aber passiert, wenn der Streß chronisch wird und die Chancen sinken, daß der Körper die Streßsymptome abbauen oder ausgleichen kann? Man weiß schon lange, daß in einem solchen Fall unsere Gesundheit bedroht ist. Doch mit dem allgemeinen Abbau von Streßfaktoren ist es nicht so einfach. Wie die Menschen nun mal sind: Jeder empfindet eine andere Situation als stressig und jeder hat seine ganz individuellen Erholungsquellen. So können Musikgenießer in einem schönen Konzert dahinschmelzen und Kraft tanken, wo wiederum Liebhaber von Bewegungsfreiheit schwitzend auf die Uhr sehen und gequält und unruhig das Ende der Vorführung herbeisehnen. Der eine entspannt sich ausgiebig bei einem geselligen Abend mit guten Freunden, der nächste möchte keinen einzigen Menschen sehen oder gar sprechen, wenn er sich erholen will.

So groß die äußeren Unterschiede der Streßfaktoren sein mögen – vom inneren Erleben her verknüpfen die meisten Menschen Streßerleben bei der WORTSTRUKTUR-ANALYSE mit ähnlich gearteten Sinneswahrnehmungen. Oft sind zackige oder gar »pieksige« Imaginationen ein visueller Ausdruck für die als unangenehm empfundene Bedrängnis:

Daher wäre hier der erste Versuch, die Buchstaben des MAGIC WORDS weich und fließend zu gestalten, was bei den meisten Menschen als spürbare Entspannung im körperlichen Erleben empfunden wird.

Die jeweiligen Streßwörter beim Thema STRESS werden meist auch mit einer sehr unangenehmen inneren Geräuschkulisse verbunden. So hörte Jutta, eine überforderte Hausfrau, ihr Streßwort HAUSARBEIT innerlich von einer lauten und bedrohlichen Männerstimme gesprochen. »Es ist fast von dem Kaliber: ›Mach Hausarbeit, wenn dir dein Leben lieb ist‹«, stellte sie zunächst erschrocken und dann lachend fest. Hier brauchten wir keine weiteren Schritte zu entwickeln. Juttas Belustigung über die zum Staubsaugen auffordernde Mörderstimme führte sehr rasch zu einem Wandel: Sie kann dank der Übertreibung ab jetzt in den zuvor als stressig empfundenen Situationen schmunzeln. »Gestern gab's wieder einen guten Krimi«, sagt sie jetzt und meint damit die Hausarbeit. Im Geist unterlegt sie das Wort noch mit der Filmmusik der »Tatort«-Krimis und kommt aus dem Lachen nicht mehr heraus.
Bei der Streßverarbeitung haben sich mit Hilfe von Humor oder Ironie verzauberte MAGIC WORDS ganz besonders bewährt. Natürlich weiß heute jeder, daß das meistgenannte

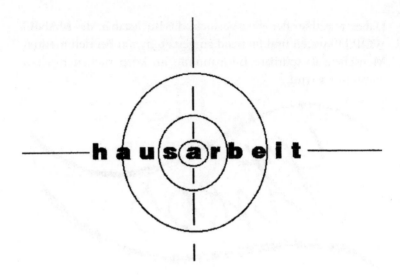

Mittel gegen chronische Streßsymptome die Entspannung ist. Doch oft kann man nicht mehr »umschalten«, wenn der Streß zu unangenehm war – er fließt auch in die kostbaren Ruhephasen ein. Daher ist es geschickter, die Streßverarbeitung *direkt in das Streßgeschehen hinein wirken zu lassen*. Dann funktioniert das Umschalten auf die Entspannung wesentlich leichter. Die meisten Menschen leiden wie Jutta unter Stressoren, die ohne viel Wahlfreiheit täglich neu ausgehalten werden müssen: Job, Hausarbeit, Kindererziehung, Vorgesetzte, Straßenverkehr, nervige Nachbarn usw. Die größte Erleichterung ist daher die Abmilderung der Überforderung durch die Umgestaltung der Wahrnehmungsverarbeitung im inneren Erleben. Folgende Wörter wurden da schon verändert: STAU, MESSE, INVENTUR, EINKAUFEN, U-BAHN, CHEF, KINDERGARTEN, MASERN (im Zusammenhang mit *drei* betroffenen Familienangehörigen) usw.
Neben dem immer wieder empfehlenswerten Humor wirken bei Streßthemen auch MAGIC WORDS mit einer offensichtlichen *Musterunterbrechung* gegenüber der üblichen Darstellung:

Offensichtlich ermöglichen diese Darstellungen auf symbolischer Ebene die Durchbrechung eines starren und eingefahrenen Streßprogramms.

Bedenken Sie hier auch wieder das *Hausapotheken-Prinzip*: MAGIC WORDS erspart es Ihnen nicht, ein allzu intensives Streßprogramm für Leib und Seele vernünftig und dauerhaft abzubauen, so daß Sie Ihre Gesundheit erhalten oder wieder herstellen können. MAGIC WORDS kann Ihren Körper nicht immun gegen Überforderung machen. Es ist jedoch mit dieser Methode möglich, den Alltagsstreß öfter auf die leichte Schulter zu nehmen. Auch ein weiteres unentbehrliches Mittel gegen Streß kann MAGIC WORDS nicht ersetzen: *körperliche Fitneß*. Denn Streß ist immer eine Reaktion, die sich auf körperlicher Ebene abspielt und hier am gezieltesten abgefangen werden kann. Doch an dieser Stelle ist die Fähigkeit gefordert, nicht auch noch Begriffe wie FITNESS oder ENTSPANNUNG paradoxerweise zu Streßwörtern entarten zu lassen. Lesen Sie mehr zu diesem Thema in einem späteren Kapitel.

Nervosität wird zur Kraftquelle

Es gibt Menschen, die in vielen Alltagssituationen gelassen und ruhig sind und mit Belastungen und dem täglichen Streß recht gut zurechtkommen. Doch stehen bestimmte Ereignisse ins Haus, erkennen sie sich selbst nicht wieder: Die Souveränität ist dahin, man ist nur noch das, was der Volksmund ein »Nervenbündel« nennt. Bei MAGIC WORDS benutze ich das Wort NERVOSITÄT also für sporadischen, zeitlich begrenzten Streß in bestimmten Situationen. Meist sind diese Situationen »große« Ereignisse: PRÜFUNG, ÖFFENTLI-CHER AUFTRITT, VORSTELLUNGSGESPRÄCH, LIE-BESERKLÄRUNG, SPORTWETTKAMPF usw. Aber auch eine PARTY oder die bevorstehende eigene GEBURTS-TAGSFEIER kann urplötzlich das Gefühl heraufbeschwören, nicht mehr Herr über den eigenen Körper zu sein.

Im weitesten Sinne sind hier die üblichen *Lampenfiebersymptome* gemeint. Dabei ist auch das Lampenfieber eine sinnvolle Reaktion auf wichtige Ereignisse in unserem Leben. Es zwingt uns dazu, die bevorstehende Situation ernst zu nehmen und bis in die kleinsten Einzelheiten sorgfältig zu durchdenken. Doch schießt diese gute Absicht völlig übers Ziel hinaus, wenn die Nervosität den Erfolg und die Einmaligkeit des »großen Tages« zu boykottieren droht.

Martin, ein frischgebackener Betriebswirt, war von dem Unternehmen seiner Träume zu einem Vorstellungsgespräch eingeladen worden. »Ich fühle mich schrecklich, es wird bestimmt

schiefgehen«, war seine Klage in der Sitzung davor. Bei der WORTSTRUKTUR-ANALYSE stellte sich heraus, daß er den betreffenden Unternehmensnamen in großen Buchstaben weit über sich sah. »Er wirkt auf diese Weise unerreichbar und erdrückend«, war sein eigener Eindruck.
»Wie würden Sie sich fühlen, wenn das Unternehmen Sie einstellt?« fragte ich ihn. »Wie ein Held, als könnte ich die ganze Welt umarmen«, kam die spontane Antwort. »Dann ist der Vorstellungstermin also ein sehr wichtiger Tag in Ihrem Leben, der Ihnen viel Freude bringen kann«, sagte ich. »Verändern Sie den Unternehmensnamen mit MAGIC WORDS so, daß er Sie an Ihr *Held-Sein* erinnern kann.«
Martin ist ein begeisterter und ehrgeiziger Windsurfer und schwört dabei auf die Marke seiner Surfausrüstung. Also setzte er sofort bei MAGIC WORDS den Namen des Unternehmens auf ein imaginäres Surfbrett – dort, wo sonst der Markenname steht. Später erzählte er: »Ich hab' mich in Gedanken beim Gespräch einfach auf das gedachte Surfbrett gestellt und hab' wie ein Held mit dem Wind und den Böen gekämpft.« Er bekam den Job. »Der Name dieses Unternehmens ist so für mich zu einer richtigen Kraftquelle geworden.«
Ähnlich einfallsreich ging Thomas mit dem Wort NERVOSITÄT selbst um. »Ich bin ein begeisterter Rennwagenfan«, sagte er. Er stanzte in Gedanken Nervosität in ein imaginäres Bugatti-Schild:

»Wenn ich jetzt das Wort denke, spreche oder höre, habe ich ein richtig gutes ›Bugatti-Feeling‹«, beschreibt er die positive Veränderung.

Der wichtigste Leitfaden bei diesem Thema ist die Idee, jedes große, wichtige Ereignis mit MAGIC WORDS zu einer Kraftquelle zu machen – wie es dieser Situation vom Stellenwert für unsere Lebensqualität ja auch zusteht.

4.
MAGIC WORDS für das
körperliche Wohlbefinden

Im Kapitel über Streß erwähnte ich bereits, daß die körperliche Fitneß einen wesentlichen Faktor für das seelische Gleichgewicht eines Menschen bildet. Beim Neurolinguistischen Programmieren (NLP) gehen die Therapeuten *nicht* von der Trennung zwischen Körper und Seele aus; diese werden als Bestandteil *ein und desselben Daseinssystems* betrachtet und behandelt. Es gibt keinen seelischen Zustand, der nicht sofort auch körperliche Reaktionen auslöst. Umgekehrt gibt es keinen körperlichen Zustand, der nicht automatisch seelische Konsequenzen zur Folge hätte. So hat beispielsweise eine wissenschaftliche Untersuchung ergeben, daß sich Schmerzpatienten im Laufe ihrer Krankheitsgeschichte als Folge der ständigen Schmerzen psychisch und persönlich erheblich verändern können – selbst wenn die Schmerzen zunächst rein körperliche Ursachen hatten.

Im Gegensatz zum Schmerzerleben erzeugen körperliche Fitneß und Gesundheit nach dem gleichen Zusammenhangsprinzip – aber im positiven Sinne – ein allgemeines, umfassendes Wohlgefühl. welches ebenfalls auf die Seele ausstrahlt. Dieses Zusammenhangsprinzip ist dadurch erklärt, daß Körper und Seele durch ein und dasselbe Organ, durch das Gehirn, organisiert werden. Das Gehirn wiederum hat keine getrennt voneinander arbeitenden Zentren, sondern funktioniert in Schaltkreisen, die wir – wie vorher schon erklärt – Modulprogramme nennen. So wird zusammengehöriges körperliches und see-

134

lisches Erleben von *ein und demselben Modulprogramm parallel und gleichzeitig organisiert.*

Auch ohne diese Erklärungen wissen die meisten Menschen intuitiv, daß ihnen Bewegung, Entspannung und gesunde Ernährung einfach guttun. Doch warum handeln so viele Menschen bei uns trotz dieser Einsicht und aller umfangreichen Informationen über gesunde Lebensführung derartig gegen die Prinzipien körperlicher Gesundheit? »Weil gesunde Lebensführung einfach keinen Spaß macht! Wenn ich diese Schlagwörter nur schon höre . . .«, erklärte mir neulich Angelika, eine übergewichtige, kettenrauchende, äußerst temperamentvolle Klientin. Fällt Ihnen als Leser an dieser Formulierung etwas auf? Natürlich, Angelika hat den Begriff GESUNDE LEBENSFÜHRUNG als abschreckendes Streßwort verarbeitet. Genau dieses Problem haben viele Menschen, die eigentlich gesünder leben müßten. Sie verbinden mit den allgemein kursierenden Schlüsselwörtern für Gesundheit und körperliche Fitneß fade Erlebnisqualitäten wie Langeweile, Vernunft, Eintönigkeit usw. »Ja genau, am Ende sind es die *Wörter*, die mir unsympathisch sind, und gar nicht die Lebensformen, die dahinterstecken«, entdeckte Angelika in unserem Gespräch. »Mit den Wörtern verbinde ich den erhobenen Zeigefinger, mit dem erhobenen Zeigefinger einen Besserwisser, der mir zu nahe kommt.«

Viele Jugendliche, die in der Pubertät um ein eigenes Persönlichkeitsprofil kämpfen, sehen unbewußt in den Möglichkeiten extremer Lebensführung ein geeignetes Mittel, um anders als die Eltern zu sein oder um als erwachsen, als eigenständig zu gelten. Sie schlafen zuwenig oder zuviel, fangen das Rauchen und Alkoholtrinken an und probieren vielleicht Drogen. So bekommen die entsprechenden Genußmittel oder körperfeindlichen Verhaltensweisen den Flair von Freiheit und Unabhängigkeit. Sie gaukeln trotz ihrer Unverträglichkeit mit körperlicher Gesundheit ein intensives Lebensgefühl vor.

Körperliche Fitneß und gesunde Lebensführung müssen daher mit dem seelischen Lebensgefühl eines Menschen übereinstimmen, anstatt dieses Gefühl subjektiv einzuschränken. Vor dem Hintergrund der Körper-Seele-Einheit macht die gesündeste Lebensführung krank, wenn sie als Freiheitsbeschneidung erlebt wird. Einerseits ist leider vielen sogenannten Gesundheitsaposteln nicht bekannt, daß sie trotz allen Eifers mit ihrer oft humorlosen und missionarischen Art vielen Menschen paradoxerweise den Weg zu körperlicher Gesundheit verbauen, anstatt ihn ihnen zu ebnen. Andererseits sollten wir aber auch erwachsen genug sein, um uns nicht aus Trotz gegen Menschen, die den falschen Ton anschlagen, das eigene Wasser abzugraben. Denken Sie bei diesem Thema an den schönen Spruch: »Wir sind erwachsen, wenn wir etwas tun, *obwohl* es die Eltern (oder der Arzt, der Lehrer, der Chef, die Tante usw.) gut finden würden.«

Das Thema Gesundheit

Erinnern Sie sich bitte an Angelikas Aversion gegen den Ausdruck GESUNDE LEBENSFÜHRUNG. Beim Erstellen der Streßwortliste sagte sie:»Mit dem Begriff LEBENSFÜHRUNG kann und werde ich mich nie anfreunden – auch nicht mit Hilfe von MAGIC WORDS. Das Wort ist einfach schrecklich und erinnert mich an den Satz: ›Wegen guter Führung vorzeitig aus der Haft entlassen.‹ Ich will mein Leben leben und nicht führen.« Daß zum Leben ein lebens- und genußfähiger Körper gehört, mußte Angelika schließlich doch einsehen. Wir testeten daher mit dem O-Ringtest die Wörter GESUNDHEIT und KÖRPER. Bei beiden hielt der Muskelring nur schwach. Bei ZIGARETTE und ALKOHOL hielt der Ring bombenfest.»Da stimmt doch etwas nicht: Mein Arzt hat mir dringend geraten, bei diesen Lastern kürzerzutreten, warum weiß denn dieser komische Test nicht, daß das Zeugs schadet?« Die Antwort ist, daß der Test keine»Daten« mißt, sondern er erstellt eine *Energiebilanz* die sich aus dem getesteten Wort ergibt. Die Körper-Seele-Einheit ist ein gewissenhafter Buchhalter, der Gewinn- und Verlustseite sorgfältig abwägt, wie Sie hier am Beispiel ALKOHOL sehen:

Vorteile (Pluspunkte)	/ Nachteile (Minuspunkte)
Entspannung............ 1	Macht süchtig.......... −1
Schöne Erlebnisse mit	Ist teuer............... −1
anderen Menschen....... 4	Macht krank........... −3
Macht selbstsicher........ 2	
+7	−5
Bilanz:	+2, die Sache wirft also Gewinn ab

Die vom Gehirn organisierte Körper-Seele-Einheit entscheidet sich bei dieser positiven Bilanz für den Alkoholkonsum. Es ist daher viel wichtiger, mit der *Gewinn*seite beim Thema Gesundheit zu arbeiten. Fragen Sie nicht: »Was passiert Schlimmes, wenn ich nicht auf die Gesundheit achte?«, sondern immer: »Wozu ist Gesundheit gut?« Sollte sich dann plötzlich zeigen, daß man mit Gesundheit die Pluspunkte der Gewinnseite viel überzeugender und dauerhafter garantieren kann, gerät die Alkoholbilanz automatisch in »die roten Zahlen«.

Mit Hilfe dieser letzten Fragestellung fand auch Angelika ihr MAGIC WORD. Zunächst hatte sie GESUNDHEIT in der »spießigen Schrift eines Krankenkassen-Aufklärungsheftchens« gesehen. Jetzt sieht sie GESUNDHEIT »als Feuerwerk«!

Nachdem wir auch KÖRPER »verzaubert« hatten, ergab sich ein interessanter Effekt: Ganz automatisch waren als Auswirkung des Generalisierungseffekts ZIGARETTEN und ALKOHOL schwach geworden. Geschieht das bei Ihnen nicht so automatisch wie bei Angelika, finden Sie im Kapitel »MAGIC WORDS zur Entwöhnung« Hinweise zum Einsatz dieser Methode bei Suchtproblemen. Im Kapitel über »Zukunftsgestaltung« finden Sie Hinweise zum Umgang mit dem Wort ALTER.

Das Thema Fitneß

Im Kapitel über Streß erwähnte ich bereits, wie wichtig die körperliche Fitneß für das allgemeine Wohlbefinden ist. Viele Krankheiten oder Gesundheitsprobleme lassen sich durch Fitneß positiv beeinflussen: Herz-Kreislauf-Beschwerden, verschiedene Schmerzsyndrome, Übergewicht, um nur einige zu nennen. Und schon die alten Römer wußten, daß »ein gesunder Geist in einem gesunden Körper wohnt«, daß also ein leistungsfähiger und gesunder Körper auch die Psyche und die Wahrnehmung belebt und stärkt.

Viele Menschen vergessen heute diesen wichtigen seelischen Aspekt, wenn sie der Fitneß frönen. Sie wollen *gegen* und nicht mit ihrem Körper Sport treiben. Sie sind unzufrieden über ihre äußere Erscheinung und verlangen sich unter Streß alles ab, um den Körper auf Stromlinienform zu trimmen, sei es beim Squash, bei Aerobic, beim Joggen, Bodybuilding oder Fahrradfahren. Zur Optimierung der Erfolge füttern sie sich zusätzlich mit vielversprechenden Eiweißdrinks und sonstiger Sportnahrung. Dabei hat es sich in den letzten Jahren gezeigt, daß übertriebenes oder falsch betriebenes Fitneßtraining zwar Muskeln, aber auch strapazierte Knochen und Gelenke produziert. Diese Gesundheitsschäden können nur entstehen, wenn die Betroffenen in ihrem Leistungseifer die Schmerz- und Erschöpfungssignale des »unwilligen« Körpers einfach ignorieren. Der Erfolgszwang beraubt sie einer natürlichen Orientierung am körperlich-seelischen Wohlgefühl.

Eben aus diesen Gründen scheuen viele Menschen – ähnlich wie Angelika – körperliche Bewegung. Der humorlose Leistungseifer ist ihnen einfach unsympathisch und läßt sie die Lust an der Körperertüchtigung verlieren. Sie erleben die Anstrengung als eine Minderung von Lebensgenuß und Spaß. Nicht zuletzt haben unerfreuliche Sporterinnerungen aus der Jugend zu dieser Ablehnung beigetragen. Trimmende Sportvereinstrainer und gnadenlose Sportlehrer haben Streßspuren hinterlassen und blockieren nachträglich die Freude an der Bewegung beim erwachsenen Menschen. Etliche andere Zeitgenossen würden wiederum sehr gern Fitneß betreiben, befürchten jedoch, in einer Gruppe von energiestrotzenden, fortgeschrittenen Sportkameraden peinlich aufzufallen – und sei es auch nur durch offensichtliche Unwissenheit. Denn welcher Outsider weiß schon, was bei »Slimnastik« oder »Step Class III« auf ihn zukommt?

Es gibt nur ein Motiv, welches körperliche Fitneß dauerhaft garantiert: der *intensive Spaß* an der Bewegung. Wird Bewegung als ein Muß erlebt, sind kurzfristige Übertreibung oder schnelles Aufgeben die unabwendbare Entwicklung der Bemühungen. Wer sich mit Spaß bewegt, akzeptiert auch keine unangenehmen Schmerzen und schont sich rechtzeitig. Und wer sich mit Spaß bewegt, *kann den Tag ohne Bewegung nicht überstehen.* So werden die vielbeschworenen guten Vorsätze einfach überflüssig. Ist dieses wichtige und gesunde Grundmotiv vorhanden, findet sich die für den einzelnen geeignete Sport- oder Bewegungsform von allein.

Machen Sie bei diesem Thema folgende Wörter zu MAGIC WORDS:

• SPORT (TREIBEN),
• FITNESS,
• KÖRPER,
• BEWEGUNG.

Ein Teilnehmer unserer Seminare, mit dem wir diese Wörter am Abend gestärkt hatten, sagte am Tag darauf:»Ob ihr es glaubt oder nicht, ich habe mir gestern abend, von einem inneren Bedürfnis getrieben, noch mein Fahrrad aus der Garage geholt, habe mit einem herrlichen Gefühl im Bauch ein paar Runden gedreht und dabei im Gegensatz zu sonst überhaupt keine unangenehme Anstrengung verspürt.«

Das Thema Ernährung

»Aus anthropologischer Sicht ist das Essen eine der ältesten Angewohnheiten des Menschen. Ja, es läßt sich sogar nachweisen, daß es in gewissen Kreisen bereits zu Urzeiten eingeführt wurde. ... In der griechischen Mythologie finden sich eindeutige Hinweise darauf, daß Essen nach und nach zum existentiellen Bedürfnis des Menschen wurde, ungeachtet des Risikos, daß es bei fortgesetzter Anwendung zu Abhängigkeit führen kann.« So beginnt der Satiriker Ephraim Kishon unter dem Stichwort »Historischer Überblick« sein Buch *Essen ist meine Lieblingsspeise*.

Kishon würdigt in diesem neuen Buch ein in unserer Zeit völlig vernachlässigtes Kriterium für die wirklich gesunde Ernährung: *Essen muß Spaß machen − egal, wie gesund es ist.* Das Paradoxon »Streß durch gesunde Lebensführung« hat auch beim Ernährungsthema schon zu den seltsamsten Aversionsphänomen geführt: Ich kenne viele Diätkandidaten, für die ANANAS, MAGERQUARK oder SALAT längst Streßwörter geworden sind. Die Finger gehen beim O-Ringtest auf, weil die Wörter an die Tatsache erinnern, daß besagte Lebensmittel in einer unerfreulichen Zwangssituation − der Diät − konsumiert werden mußten. »Dabei mochte ich Ananas früher für mein Leben gern«, sagte Karin, »jetzt könnte ich davor weglaufen.«

Es würde den Umfang dieses Buches sprengen, ausführliche vernünftige Ernährungspläne anzubieten. Ich kann nur versichern, daß jede Form von allzu exotisch-fanatischen Diätangeboten über kurz oder lang zum Ernährungsstreß führt. Das gilt auch für Empfehlungen wie die Trennkost oder die Ernährungspläne aus dem »Fit-for-life«-Programm. Sie fahren hundertprozentig gut, wenn Sie sich mit eventuellen Fragen von einem speziell ausgebildeten Ernährungswissenschaftler (Ökotrophologe) beraten lassen. Weder Ärzte noch Psychologen oder Heilpraktiker verfügen über ein ähnlich ausgewogenes, aktuelles und fundiertes Wissen über Ernährung wie diese besagte Berufsgruppe.

Apropos vernünftige Ernährung: Viele Betroffene reagieren schon absolut negativ auf das Wort VERNÜNFTIGE in diesem Begriff.

Mit einer ausgewogenen Ernährung können Sie einen großen Beitrag für Ihr körperliches Wohlbefinden leisten. Jedoch kann man nicht – wie oft behauptet – ausschließlich mit gezielten Diäten Krankheiten heilen. Oft sind nämlich auch das seelische Gleichgewicht und zufriedenstellende soziale Kontakte eine viel wichtigere »Nahrung« beim Gesundungsprozeß. Wenn Sie sich aber aus gesundheitlichen Gründen nach bestimmten Kriterien ernähren müssen, verwandeln Sie alle beteiligten Nahrungsmittel zu MAGIC WORDS.

Ulla sollte beispielsweise wegen chronischer Hautprobleme ihre Ernährung auf Vollwertkost umstellen. Obwohl das bei ihren Gesundheitsproblemen sicher eine sinnvolle Empfehlung war, ging bei VOLLWERTKOST der O-Ring auf.

Ulla fiel immer durch besonders farbenfrohe Kleidung und auffälligen Schmuck auf. Im Gegensatz zu ihren Lieblingsfarben sah sie VOLLWERTKOST gemäß ihren Vorurteilen gegenüber der »Müsli-Szene« bei der WORTSTRUKTUR-ANALYSE zunächst in braunen und gelben Farbtönen. »Bei diesen Farben schüttelt's mich richtig«, berichtete sie schaudernd. »Dann wählen Sie Farben, die das Ziel ausdrücken: eine schöne, gesunde Haut, die einfach den Genuß steigert, sich toll anzuziehen.«

»Dann betone ich das WERT in dem Wort und mache die Buchstaben aus buntem Straß«, war Ullas spontane Idee. Heute ist Ulla süchtig nach Vollwertkost.

Das Thema Entspannung

Entspannung und ausreichender Schlaf sind weitere gesund-heitsfördernde Faktoren. Doch existiert bei uns das unbewußte Vorurteil, daß in diesen Phasen nichts Gescheites und Sinnvolles in unserem Leben passiert. Das Gegenteil ist der Fall. Während der Körper ruht und regeneriert, *arbeitet unser Gehirn auf Hoch-touren.* Es verbraucht dann teilweise mehr Kalorien als in den Stunden körperlicher Aktivität. Das Gehirn verarbeitet in un-seren Ruhe- und Schlafphasen die wichtigsten Tagesinforma-tionen. Es speichert sie nicht nur, sondern ordnet sie mit einer unvorstellbaren Kreativität auch zu neuen Ideen, Erkenntnissen und Problemlösungen. Der gängige Satz »Da muß ich noch einmal eine Nacht drüber schlafen« ist vor diesem Hintergrund durchaus ernst zu nehmen. Es gibt sogar Beispiele von Men-schen, die Erfindungen im Traum entwickelten.

Der vielbeschäftigte und interessierte Udo hatte Schlafen schon immer als überflüssige Zeitvergeudung angesehen. »Daß ich in der Zeit vielleicht sogar Erfindungen machen kann, hab' ich nicht gewußt.« Udo ist ein Fan von Phantasie-Comics. Er stellt sich beim MAGIC WORD jetzt die einzelnen Buchstaben von SCHLAF mit phantastischen Bildern aufgefüllt vor. »Jeder Buchstabe hat die Größe eines Plakats. Geht man näher her-an, entdeckt man die ineinander übergehenden Comics. Ich finde das Schlafen jetzt höchst interessant.«

Doch sind nicht nur die eben beschriebenen kreativen Spei-cher- und Lösungsprozesse wichtig für unser Leben, auch der

Körper selbst regeneriert sich in diesen wichtigen Erholungsphasen.
Tiefenentspannung ist mit das wirksamste Mittel gegen Streß.

Dabei ist ENTSPANNUNG nach SCHLAF schon das nächste Wort, welches Sie mit MAGIC WORDS stärken sollten, denn hier hat sich ein »Papagei« versteckt. Dieses Wort bezeichnet das Gegenteil von »Spannung«. Insofern sollte auf jeden die Wortstruktur von ENTSPANNUNG als MAGIC WORD Erholung symbolisieren. Stärken Sie dann noch Wörter wie TRÄUMEN, DÖSEN und FREIZEIT – je nachdem, mit welchen Wörtern Sie persönlich Entspannung symbolisieren.

5.
MAGIC WORDS und Heilungs-
prozesse

Wir setzen MAGIC WORDS in unserer Praxis seit gut zwei Jahren auch zur Intensivierung von körperlichen Heilungsprozessen ein. Selbstverständlich stellt MAGIC WORDS dabei bei weiten nicht die einzige Behandlungsmethode der verschiedenen Symptome dar, sondern wird im Rahmen einer laufenden Psychotherapie sinnvoll integriert. Wir haben es übrigens noch nie in dem Ausmaß bei dieser Methode erlebt, daß Klienten derartig kreativ und selbständig eine Intervention zu Hause für sich einsetzten.

Nicht nur Psychotherapeuten, sondern auch uns bekannte Ärzte und Heilpraktiker nutzen in ihrer Praxis MAGIC WORDS zur Unterstützung einer Behandlung – und das mit ermutigenden Ergebnissen. Gerade der niedergelassene Arzt hat oft zu wenig Zeit, um in einem längeren Gespräch auf den einzelnen Patienten einzugehen. Das liegt übrigens meist nicht am Arzt, sondern an unserem Gebührensystem, wonach die Ärzte im Gegensatz zu anderen Behandlungsmethoden nur eine sehr geringe Vergütung für Patientengespräche erhalten. Viele Ärzte und auch Zahnärzte haben uns berichtet, daß sie gerade mit MAGIC WORDS manchmal in nur fünf Minuten ihren Patienten effektiv helfen konnten – sei es bei körperlichen oder persönlichen Problemen.

Besonders Krankheiten und deren Behandlung gehen oft mit furchterregenden oder unsympathischen Wörtern einher. Es sind Begriffe wie SCHLEIMBEUTELENTZÜNDUNG, ME-

TASTASEN, SCHUPPENFLECHTE, OPERATION, SPRITZE, IMPFUNG, WURZELSPITZENRESEKTION – um nur einige Streßwörter zu nennen. Bei allen beteiligten Streßwörtern ist die Grundhaltung bei der MAGIC-WORDS-Methode wie gehabt: Krankheiten können wir am effektivsten mit körpereigenen Kraft- und Heilreaktionen überwinden. Daher steigen die Genesungschancen, wenn sämtliche beteiligten Streß- und Schlüsselwörter zu MAGIC WORDS werden.

Um einem Mißverständnis vorzubeugen: Die so erzeugte, mit dem O-Ringtest meßbare Kraftreaktion bedeutet bei weitem nicht, daß man die Krankheit jetzt gut findet. Sie bedeutet – und das ist wichtig –, *daß der Körper dieser Erkrankung mit seinen Reaktionsmöglichkeiten jetzt überlegen ist.*

Das zeigt auch das Beispiel von Heike, einer Neurodermitis-Patientin. Ich behandelte Heike mit Psychotherapie, da ihrer Hauterkrankung offensichtlich seelische Ursachen zugrunde lagen. Bei Behandlungsbeginn reagierte sie im O-Ringtest noch mit Muskelschwäche auf NEURODERMITIS. Nach drei Monaten heilte die Haut. Innerhalb dieser Zeit hatten wir aber keine MAGIC-WORDS-Intervention durchgeführt. Die Patientin freute sich über die Heilung. »Aber kann ich dem Frieden jetzt trauen?« fragte sie unsicher. Wir testeten dann NEURODERMITIS ein zweites Mal. Der Muskelring hielt nach drei Monaten effektiver Psychotherapie jetzt bombenfest. Vergleichbare Ergebnisse ergaben sich auch bei anderen Patienten. Aus diesem Grund empfehlen wir MAGIC WORDS zusätzlich auch zur Überprüfung eines Heilungserfolges.

Der Umgang mit verschiedenen Symptomen

Die folgenden Kapitel können nur einen Überblick über die verschiedenen Einsatzmöglichkeiten bei Heilungsprozessen geben. Ich gehe hier auf gravierende Krankheiten ein – der Grundgedanke läßt sich auch auf »Bagatell-Erkrankungen«, wie etwa eine Erkältung, übertragen. Sie haben bisher schon so viel über MAGIC WORDS gelernt, daß Sie dann mit Ihrer eigenen Kreativität Ihre »Hausapotheken-Ausrüstung« über diese Anregungen hinaus individuell vertiefen können. Achten Sie auf jeden Fall darauf, daß GESUNDHEIT, LEBEN, HEILUNG UND KÖRPER(KRAFT) als MAGIC WORDS bei Ihnen wirken – selbst wenn Sie sich zur Zeit allerbester Gesundheit erfreuen. Sehen Sie die Überprüfung dieser Wörter einfach als eine wirksame Prävention an.

Schmerzen

Seit nunmehr acht Jahren beschäftigen wir uns mit der Behandlung chronisch schmerzkranker Patienten. Doch bis heute ist das Phänomen SCHMERZ für mich in vielerlei Hinsicht ein Geheimnis geblieben. Obwohl ein Schmerz rein körperliche Ursachen, wie etwa eine Verletzung, haben kann, vermag man das *Schmerzerleben* eines Menschen nicht objektiv zu messen. Menschen können sogar schlimmste Schmerzen »vergessen«,

Fakire scheinen den Schmerz ja überhaupt nicht zu spüren, und manche Zahnschmerzgeplagten bestehen nur noch aus Zahn.

Eigentlich ist der Schmerz ein Freund des Menschen. Er macht »unüberfühlbar« auf ein krankhaftes körperliches Geschehen aufmerksam. So zwingt er den Menschen nachdrücklich, seinen Tagesablauf zu unterbrechen, um den Arzt aufzusuchen oder sich zu schonen. Der Arzt kennt in der Regel die Schmerzursache und kann dann die zugrunde liegende Krankheit behandeln. Mit der Heilung verschwindet dann auch der akute Schmerz. Doch manchmal findet ein Schmerzgeschehen kein erhofftes Happy-End. Viele Menschen leiden trotz vielfältiger Behandlungsversuche jahre- oder jahrzehntelang unter chronischen Schmerzen. Die Betroffenen haben eine Odyssee an Arztbesuchen hinter sich und werden im Laufe der Zeit auch noch von schädlichen Medikamenten abhängig. Der Schmerz führt zur Angst vor dem Schmerz. Die Angst verkrampft die Muskeln und provoziert körperliche Streßsymptome. Die Summe dieser Reaktionen verstärkt dann wiederum die Schmerzen. Ein Teufelskreis ist entstanden. Hier kann der richtige Umgang mit dem Schmerzerleben allein durch die Verringerung des Schmerzstresses erhebliche Linderung für die betroffenen Patienten bringen. Ich erwähnte bereits, daß gerade die mit einer Muskelverkrampfung oder -anspannung gekoppelten Phänomene bei den Schlüsselwörtern im O-Ringtest mit einem Kraftverlust der Muskeln einhergehen. Vielleicht ist die Muskelanspannung in diesen Fällen eine spontane Gegenreaktion auf die unbewußt registrierte allgemeine Muskelschwäche.

Professor Walter Zieglgänsberger vom Münchener Max-Planck-Institut für Psychiatrie konnte nachweisen, daß unsere Nervenzellen einen Dauerschmerz regelrecht erlernen können. Eine Verletzung oder Gewebsschädigung veranlaßt das Nervensystem, Erinnerungsspuren im Zusammenhang mit diesem

Trauma aufzubauen. Diese Erinnerungsspuren in der Nervenzelle überdauern sogar die Ausheilung des Gewebes. So meldet die so programmierte Zelle weiterhin dem Gehirn einen Schmerz, selbst wenn äußerlich alles in Ordnung scheint. Auf diese Weise kann man sich beispielsweise auch den Phantomschmerz erklären.

Übrigens treten Phantomschmerzen und andere Operationsschmerzen viel weniger oder gar nicht auf, wenn man vor einem chirurgischen Eingriff die entsprechende Körperregion *direkt* etwa durch Spritzen, betäubt, also zusätzlich zur zentral auf das Bewußtsein wirkenden Narkose. Auf diese Weise werden die Nerven beispielsweise im Bein oder in der Hüfte daran gehindert, eine Erinnerungsspur an den Schmerz aufzubauen. Nach der Operation melden sie dem Gehirn, daß alles in Ordnung ist − denn sie haben ja selbst nichts mitbekommen! Für diese Forschungsergebnisse erhielt Professor Zieglgänsberger den »Deutschen Förderpreis für Schmerzforschung und Schmerztherapie«.

Somit ist es gerade bei chronischen Schmerzen sehr wichtig, das immer wieder ablaufende Schmerzprogramm an irgendeiner Stelle zu stören. Manchmal kann MAGIC WORDS auch hier dabei helfen, daß die mitwirkenden Nervenzellenverbände ihr Programm durchbrechen und gemeinsam mit ganz anderen Neuronen neue, beruhigende und schmerzlindernde »Gehirnzellengesänge« anstimmen. So erhalten die Zellen eine Chance, alte Erinnerungsspuren wieder zu verlernen.

Aber auch körperlich gesunde und schmerzfreie Menschen können eine derartige Schmerzangst entwickeln, daß diese die Lebensqualität einschränken kann. Ich kenne Frauen, die aus Angst vor dem Geburtsschmerz keine Kinder bekommen wollen, obwohl sie sich grundsätzlich Kinder wünschen. Viele Menschen gehen aus demselben Grund nicht rechtzeitig zum Zahnarzt oder verschleppen eine wichtige Operation. Oft führt die Schmerzangst dazu, daß zu viele Menschen überflüssige

Pillen gegen den »kleinen Schmerz zwischendurch« einnehmen. Es gibt sogar ganz Ängstliche, die frei verkäufliche Schmerztabletten schlucken, um eventuellen Schmerzen vorzubeugen.

Menschen in allen Kulturen haben sich seit jeher mit dem Phänomen Schmerz auseinandergesetzt, sei es vor einem religiösen, medizinischen oder seelischen Hintergrund. Da der Schmerz – egal, in welcher Verkleidung – ein ständiger Begleiter unserer körperlichen Lebendigkeit bleiben wird, sollte jeder dieses Wort zum MAGIC WORD verwandeln. Dabei wird die größte Schmerzlinderung in der Regel mit weichen, fließenden Formen der Buchstaben erzielt. Auch die *Kleinschreibung* wirkt oft befreiend. Eine Klientin klebte als Ergebnis der MAGIC-WORDS-Intervention SCHMERZ aus weißer Watte auf eine zartblaue Pappe. So wirkt das Wort wie eine vergängliche Wolke.

Nach SCHMERZ sollten auch die betroffenen Körperregionen oder -teile gestärkt werden, zum Beispiel KOPF, RÜCKEN, KNIE, MAGEN usw. Denn die entsprechenden schmerzenden Körperstellen erweisen sich *immer* als Streßwörter beim O-Ringtest.

Unbedingt erwähnenswert ist hier noch Irmgard, die seit vielen Jahren unter Migräne leidet. Sie selbst sagt in ihrer eigenen Sprache einfach »Kopfschmerzen« zu den Symptomen, die sie verspürt. Ich bat sie, KOPFSCHMERZEN als MAGIC WORD mit Buntstiften auf ein Blatt Papier zu malen. Irmgards Lieblingshobby ist Klavierspielen. Sie stellte sich entsprechend vor, daß KOPFSCHMERZEN ein berühmter Komponist sei, der zauberhafte Klavierstücke und -konzerte schreibt. »Rinaldo KOPFSCHMERZEN«, ließ sie verträumt den Namen auf der Zunge vergehen. Doch trotz dieser schönen Idee sagte sie beim Malen nach einer Weile: »Das ist eine blöde Aufgabe. Dieses Wort kann ich nie so richtig schön machen.« Als ich mich zu ihr setzte, um das Werk zu betrachten, sah ich folgendes Ergebnis:

Kopfscherzen
↗

»Haben Sie das ›m‹ mit Absicht ausgelassen?« erkundigte ich mich. Irmgards Gesicht war Antwort genug. Verdutzt guckte sie auf das Werk ihres Unbewußtseins. Dann fing sie an, schallend zu lachen. Bis heute muß sie automatisch kichern, wenn von KOPFSCHMERZEN die Rede ist, die seit der Intervention nicht mehr aufgetreten sind. Der Migränekopfschmerz wird durch eine ungünstige Gefäßreaktion provoziert. Lachen geht ebenso mit sehr intensiven Körperreaktionen einher und bewirkt so vielleicht eine wohltuende Veränderung der Gefäßprozesse. So könnte man sich die Schmerzreduktion mit KOPFSCHERZEN plausibel erklären.

Hautprobleme

Einige Seiten zuvor berichtete ich bereits über den Fall von Heikes Neurodermitis. Wie dieses Beispiel schon zeigt, gibt es zwischen der Psyche des Menschen und der Hautreaktion eine enge Verbindung. Gerade Hauterkrankungen werden aber von den Betroffenen im psychischen Erleben mit Gefühlen von Abscheu vor dem eigenen Körper wahrgenommen. Diese Abscheu wird auch durch die entsprechenden Schlüsselwörter nicht gerade gemildert: PICKEL, AUSSCHLAG, AKNE, PSORIASIS, HERPES, SCHUPPEN, WARZEN usw. Es leuchtet sicher ein, daß diese Streßwörter mit ihren psychischen Auswirkungen die Hautprobleme verschlimmern, anstatt sie zu lindern. Zunächst ist es wichtig, das Wort HAUT selbst zu stärken. Das fällt vielen Betroffenen noch leicht. Es braucht dann doch einiger Phantasie, um die oben genannten Symptomwörter zu MAGIC WORDS zu verzaubern. Tanja machte aus AKNE ein französisch klingendes *akné*: »Ich stell' mir vor, daß dies die Bezeichnung für einen besonders fließenden Seidenstoff ist.« Jens verwandelte SCHUPPENFLECHTE zu einer edlen Goldschrift auf wertvollem Porzellan. Er »garnierte« das MAGIC WORD mit einer kleinen Abwandlung: »Porzellan von ›Schuppenflechtner‹ – daran erkennt man den exklusiven Geschmack.« Dabei sprach Jens SCHUPPENFLECHTNER mit gespitzten Lippen und einer überaus vornehmen Stimme aus. Beim Thema Haut fällt also auf, daß die MAGIC WORDS oft in edle Produkte verwandelt werden: Entweder sind die Buchstaben selbst aus Gold, Silber usw. gemacht, oder sie erinnern an Luxusgegenstände. Scheinbar ist ein solches Phantasieerlebnis ein wirksames Mittel gegen die ehemalige Abscheu. Es hilft bei Hautproblemen aber auch, die MAGIC WORDS, wie beim SCHMERZ, aus vergänglichem Material zu visualisieren. So verschwanden bei Markus hartnäckige Warzen an der Fußsohle, nachdem er WARZEN in perlende Wassertropfen auf einer Scheibe verwandelt hatte.

Bösartige Krankheiten

Hier ist bereits das erste Streßwort: BÖSARTIG – da fühlt man sich schon wie im Krimi, in dem jeden Moment der Mörder aus einer dunklen Ecke gesprungen kommt. Bei den meisten Klienten hilft schon folgender Einstieg: Lassen Sie einmal BÖSARTIG von der Maus »Speedy Gonzales« sprechen; also versuchen sie sich in einer hohen, piepsigen Comic-Stimme. In der Regel hält die Muskelkraft beim O-Ringtest schon nach dieser akustischen Veränderung. Gerade bei bösartigen Erkrankungen benötigen die Betroffenen *alle Kraft, die sie haben*, um die Symptome in Schach zu halten oder gar zu überwinden. Daher ist es also absolut zu vermeiden, daß bereits die beteiligten Streßwörter wertvolle Energie absorbieren. Auch den gesunden Menschen versetzen die entsprechenden Streßwörter zu diesem Thema in Schrecken: KREBS, TUMOR, MULTIPLE SKLEROSE, AIDS, HIV-POSITIV, um nur einige Botschafter von Schmerz, Leiden oder gar Tod zu nennen.

Der Geschäftsmann Richard litt unter Darmkrebs, als er in unsere Behandlung kam. Parallel wurde er schon länger mit einer Strahlentherapie behandelt. Natürlich war für ihn das Wort KREBS ein Streßwort. Richard entwickelte eine ganz außergewöhnliche Idee: Er verzauberte KREBS in das charakteristische Erscheinungsbild der weltweit verbreiteten rot-weißen Coca-Cola-Reklame. Besonders wichtig war ihm dabei der Jugendstil-Schriftzug. »Bei diesem Anblick fühle ich mich richtig stark, wenn das Wort fällt. Besonders imponiert mir der weltweite, überzeugende Siegesfeldzug von Coca-Cola. Entsprechend will ich diesen Krebs auch bis in den letzten Winkel meines Körpers besiegen.«

Noch am selben Tag dieser Intervention wurde Richard schmerzfrei. Die schmerzverursachende Metastase verschwand. Natürlich wird das auch als letztendlicher Effekt der Strahlentherapie zu werten sein. Nach Richards Ansicht hat MAGIC

WORDS »mindestens mit einem Anteil von fünfzig Prozent zu dieser positiven Wirkung beigetragen«. Einige Monate später tauchte leider wieder eine weitere Darmmetastase auf. Hierfür hat Richard eine persönliche These. Er hatte nach dem ersten Erfolg die Krankheit völlig verdrängt und sich wieder bis über beide Ohren in seine Geschäfte vergraben.»Ich habe viel zu schnell wieder mit der Arbeit übertrieben«, urteilte er selbst.

Richard, der sich selbst übrigens als »den fröhlichsten Krebspatienten Norddeutschlands« bezeichnet, muß demnach noch – vielleicht auch mit Unterstützung der Psychotherapie – grundsätzlich lernen, sein Leben und seine Ansprüche an sich selbst umzugestalten. Seine Geschichte ist ein Beispiel dafür, wie MAGIC WORDS in eine laufende Psychotherapie, um mit einer schweren Krankheit zu leben, wirkungsvoll integriert werden kann.

An dieser Stelle möchte ich nochmals betonen, daß MAGIC WORDS niemals allein gegen bösartige Krankheiten eingesetzt werden kann. Für die psychische Stabilisierung der Patienten ist diese Methode jedoch eine äußerst wertvolle Unterstützung. So berichteten uns auch sonst viele Krebspatienten, daß sie MAGIC WORDS gegenüber aufwendigeren Entspannungs- oder Imaginationsübungen sogar den Vorzug einräumen. Denn ist das jeweilige MAGIC WORD erst einmal etabliert, kann es jederzeit und überall sekundenschnell abgerufen werden - beispielsweise auch im Wartezimmer des Arztes.»Ich kann meine Zauberwörter überall im Alltag einsetzen. Will ich hingegen eine Übungskassette hören, muß ich den richtigen Zeitpunkt abwarten, die Tür schließen und mich längere Zeit konzentrieren. Das kann ich nur zu bestimmten Tageszeiten umsetzen«, sagte Maria, eine MS-Patientin (Multiple Sklerose). Diese Patientin nahm sich ihre MAGIC WORDS mit ins Krankenhaus, um täglich zwischen den Untersuchungen einfach draufschauen zu können.

Da ich die bösartigen Krankheiten in einem Kapitel zusammengefaßt habe, kann ich hier nicht ausführlich auf die einzelnen Krankheitsbilder eingehen. Doch möchte ich die wichtigsten MAGIC-WORDS-Interventionen erwähnen, die unbedingt bei schwerwiegenden Erkrankungen eingesetzt werden sollten.

① Zunächst sollten, wie bereits erwähnt, die Streßwörter »verzaubert« werden, welche die Krankheit oder die Symptome bezeichnen, zum Beispiel KREBS, AIDS usw.

② Genauso müssen auch die Therapiebegriffe überprüft und gegebenenfalls gestärkt werden: SPRITZEN, CHEMO-THERAPIE, CORTISON usw. Sehen Sie hierzu auch das Kapitel »MAGIC WORDS zur Verträglichkeit von Medikamenten«.

③ Wichtig ist auch die Stärkung der betroffenen Körperregionen, beispielsweise BRUST, NERVEN, LUNGE, DARM usw.

④ Bei vielen betroffenen Patienten haben auch folgende Wörter eine nur schwache Kraftwirkung: LEBEN, HEILUNG, KÖRPER, HOFFNUNG. Diese Begriffe betreffen eine Reihe von wichtigen psychischen *Grundhaltungen*, die für das Überwinden oder Aushalten der Krankheit absolut wichtig sind, und sie müssen daher zu powervollen MAGIC WORDS werden.

⑤ Auf jeden Fall sollte hier auch »MAGIC WORDS fürs Selbstvertrauen« eingesetzt werden. Die Wörter ICH und der EIGENE NAME müssen unbedingt eine positive Wirkung auf den Kranken haben, damit er oder sie einen starken Überlebenswillen entwickeln kann.

⑥ Besonders wichtig ist dann noch »MAGIC WORDS und Zukunftsgestaltung«, um den Lebenswillen der Patienten zusätzlich auf die Zukunft auszurichten. Es wirkt ungeheuer befreiend, wenn allein Wörter wie ZUKUNFT und ALTER ihren Schrecken verlieren und durch MAGIC WORDS in positive Kraftquellen verwandelt werden. Selbst das gefürchtete Wort TOD kann mit MAGIC WORDS von quälenden Tabufesseln befreit und auf eine konstruktive Weise in das Denken von Patienten und Angehörigen integriert werden.

⑦ Auf jeden Fall sollten auch *die betroffenen Angehörigen* die jeweiligen angstbesetzten Begriffe für sich selbst bearbeiten. Der Gesunde fühlt sich, wie gesagt, genauso wie der Kranke gelähmt und hilflos, wenn er erfahren muß, daß ein nahestehender Mensch unter einer bösartigen Krankheit leidet. Als Angehöriger eines schwer erkrankten Patienten ist er diesem Menschen jedoch die wertvollste Hilfe, wenn er psychische Stärke ausstrahlen kann. Wir haben übrigens sehr gute Erfahrungen damit gemacht, wenn Angehörige bei den Kranken nach einer entsprechenden Anleitung MAGIC WORDS durchführen. Den Angehörigen vermittelt diese Methode das Erlebnis, etwas helfen zu können. Die Kranken profitieren von den Resultaten und kommen in Kontakt mit ihren kreativen Kraftquellen. Und beide erleben zusammen einen positiv »geladenen« Körperkontakt.

Allergien

Allergien gehörigen heutzutage mit zu den am meisten verbreiteten Krankheiten in der Bevölkerung. Die Symptome sind weit gefächert: Sie reichen vom Heuschnupfen über Hautveränderungen bis hin zu allergischen Reaktionen des Verdauungssystems. Noch zahlreicher sind die jeweiligen Allergieauslöser: Pollen, Hausstaub, Haustiere, Nickel, Penicillin, Tomaten, Hautcremezutaten, um nur einen Bruchteil der möglichen Verursacher zu nennen. Entsprechend aufwendige und gründliche Allergietests können letztendlich Auskunft über die Auslöser geben, die den meisten Betroffenen beim ersten Auftreten der Allergie zunächst gar nicht bekannt sind.

Übrigens können Sie einen Allergieauslöser selbst mit dem O-Ringtest überführen. Bringen Sie die Haut der einen Hand – Fingerspitzenberührung genügt – in Kontakt mit potentiellen Allergieauslösern. Die andere Hand bildet den Testring. Stellt Ihr Tester bei einer Substanz eine Schwächereaktion fest, können Sie davon ausgehen, daß Ihr Körper diese Substanz ablehnt. So manches Haarshampoo oder Geschirrspülmittel ist auf diese Weise schon als Allergieauslöser »entlarvt« worden. Migränepatienten können so Lebens- und Genußmittel aussortieren lernen, die unter Umständen anfallauslösend wirken. Psychotherapeuten gehen davon aus, daß bei Allergien der psychische Faktor meist eine bedeutsame Rolle spielt. Die allergischen Reaktionen treten in der Regel verstärkt auf, wenn der Betroffene in einer streßgeladenen Lebensphase steckt. Ebenso wirken Erholung, Entspannung oder seelische Highlights – wie ein intensives Verliebtsein – oft den Symptomen entgegen. Es zeigt sich in vielen Fällen, daß die Allergieauslöser im Laufe der Jahre durchaus wechseln oder in ihrer negativen Wirksamkeit völlig abklingen können.

Es macht Sinn und ist nachgewiesen, daß Entspannung die Allergie abmildert, da diese Art von Reaktion eine *übertrieben aggressive* Abwehr des Körpers darstellt. Das Problem ist eine *zu starke* oder paradoxerweise gar eine *zu gesunde* statt einer zu schwachen Immunabwehr. Daher können Sie sich parallel gern die Frage nach dem psychischen Hintergrund stellen: »Auf was oder wen reagiere ich in meinem Leben zur Zeit chronisch negativ oder übertrieben aggressiv?«

Gesunde und Allergiker sind den Umwelteinflüssen in gleichem Maße ausgesetzt. Dabei kann der Körper des »Nichtallergikers« sehr wohl wahrnehmen, daß beispielsweise die Polle ein zwar andersartiger, aber dennoch für unseren Organismus ein *absolut harmloser kleiner Fremdkörper* ist. Der Körper des Allergikers hingegen »verwechselt« die kleine Polle mit einem feindlichen Kriegselefanten oder sonstigen lebensbedrohlichen Elementen.

Entsprechend fährt er alle zur Verfügung stehenden »Geschütze« des Immunsystems auf, um den »Angreifer« zu bekämpfen. Diese Tatsache dokumentiert dann auch die Reaktion auf die Wörter, welche die Allergieauslöser bezeichnen. Hermann reagierte beim O-Ringtest besonders schwach auf POLLE, POLLENFLUG und GRAS. »Vor allem POLLENFLUG löst bei mir ein Panikgefühl wie bei Hitchcocks Film *Die Vögel* aus. Ich sehe sie förmlich vor mir, wie sie bedrohlich heranschwirren, um mich zu attackieren. Das ist noch schlimmer, seitdem ich in einer Apotheke auch noch die farbige Horrorgroßaufnahme einer Polle gesehen habe. Kein Wunder, daß meine Immunabwehr nur noch um sich schlägt.« Das verzauberte Wort müßte irgendwie symbolisieren: »Du tust mir nichts – ich tu dir nichts.« Entsprechend ließ er das MAGIC WORD einen »kleinen, verspielten Looping statt einer Attacke fliegen«.

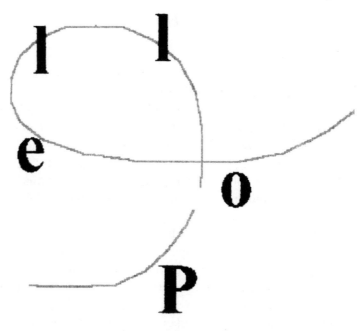

»Ich finde Pollen jetzt richtig niedlich«, kommentierte er das Ergebnis. Im Sommer 1992 hatte Hermann trotz erheblicher Pollenfluggefahr keinen einzigen Heuschnupfenanfall.

Sie verfahren bei eigenen Allergien mit allen Ihnen bekannten Allergie-Streßwörtern auf die übliche Weise. Vor allem sollte auch ALLERGIE selbst zum MAGIC WORD verwandelt werden. Natürlich ist dieses Verfahren nur sinnvoll eingesetzt, wenn die allergischen Substanzen theoretisch für den menschlichen Körper verkraftbar sind. MAGIC WORDS darf Sie vor diesem Hintergrund nicht dazu verleiten, Ihren Körper beispielsweise mit dem Genuß von Salzsäure anfreunden zu wollen. Das wird nicht klappen. Aber es existiert eine reelle Chance, daß eine Verträglichkeit mit beispielsweise Staub, Katzen oder Tomaten durchaus hergestellt werden kann.

Infektionskrankheiten

Im Gegensatz zur Allergie stellen die Symptome von Infektionskrankheiten eine *zu schwache Reaktion* der körpereigenen Krankheitsabwehr dar. Natürlich sollten Sie auch in diesem Fall mit Außeneinflüssen einhergehende Streßwörter verzaubern: BAKTERIEN, KÄLTE, WINTER, ANSTECKUNG, GRIPPE, ERKÄLTUNG usw. Es gibt ganz sensible Menschen, die sich schon erkälten, wenn der Nebenmann in der U-Bahn gehustet hat. Sie haben derartige Angst vor Ansteckung, daß der Husten kommen *muß*. Sollten Sie seit längerer Zeit beispielsweise unter einer Erkältung leiden, kann die MAGIC-WORDS-Intervention für ein bis zwei Tage zu einer vorübergehenden Verstärkung der Symptome führen, was jedoch als gesundes Zeichen zu werten ist. Denn der Körper wehrt sich aufgrund der aktivierten Kraftreserven jetzt vehement gegen die Infektion. Vielleicht kennen Sie den Spruch, daß eine »Erkältung einmal tüchtig herauskommen muß«. Danach klingen die Symptome erfahrungsgemäß sehr schnell ab. Etliche Infektionen gehen mit entzündlichen Prozessen einher. Viele Menschen empfinden es dabei als sehr angenehm, das Wort ENTZÜNDUNG in Buchstaben aus kühlem Material zu verzaubern; etwa aus Eis. Oder Sie stellen sich vor, daß kühles Wasser, welches über den Schriftzug rieselt, die Situation erträglich macht.

Doch am wichtigsten ist bei diesem Thema, die eigene Körperkraft und Immunabwehr zu stärken. Denn diese innere Stärkung mobilisiert die nötigen physischen Programme zur Krankheitsbekämpfung. Denken Sie einmal an das Beispiel der Mütter, die gesund bleiben, obwohl sie viele Stunden täglich am Bett ihres erkälteten Kindes verbringen. Sie sind aufgrund einer inneren Kraft tatsächlich immun gegen die umherfliegenden Bakterien. Es dürfte bekannt sein, daß Erkältungsbakterien uns ständig umgeben, ja daß diese Mikroorganismen sogar ständig in der Schleimhaut des gesunden Menschen in geringer Anzahl nachgewiesen werden können. Jedoch ist der Körper mit seinen gesunden Reaktionen normalerweise den vielfältigen Krankheitseinflüssen überlegen.

Bei Infektionskrankheiten stärken Sie daher vor allem die Schlüsselwörter für Gesundheit, wie GESUNDHEIT selbst, IMMUNKRAFT und KÖRPER. Vor allem kann die Thymusdrüsenstimulation, wie im Kapitel über den O-Ringtest beschrieben, Infektionskrankheiten grundsätzlich vorbeugen bzw. deren Heilung effektiv beschleunigen.

Interessant ist hier noch das Beispiel von Martin, der oft erkältet war und im Zusammenhang mit den Symptomen stets die Schlüsselwörter SCHWACH oder SCHWÄCHE benutzte. Sein Streßwort sah dann so aus:

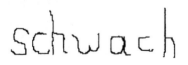

Das MAGIC WORD verzauberte die SCHWÄCHE dann folgendermaßen:

Verletzungen

Gerade bei der Heilung von Verletzungen gibt es gravierende Unterschiede in der individuellen *Heilungsgeschwindigkeit* der einzelnen Personen. Das hängt nicht nur deutlich mit dem Alter, sondern auch mit der seelischen Kraft des Patienten zusammen. Diese seelische Kraft kann durch MAGIC WORDS gezielt gestärkt werden. Grundsätzlich gilt hier auch die in den Kapiteln zuvor geschilderte Vorgehensweise. Doch an dieser Stelle möchte ich speziell zu dem Thema noch einige Hinweise geben . . .

- OPERATION oder VERLETZUNG: Stärken Sie das entsprechende Wort sowie die beteiligten Schlüsselwörter für die angewandten Methoden, wie zum Beispiel NAHT oder NARKOSE.
- HAUT und WUNDE usw.: Dies sind die wichtigsten Schlüsselwörter bei offenen Verletzungen.

- KNOCHEN und BRUCH: Bei Frakturen sollten Sie diese Wörter vor allem in *glatten, heilen und stabilen* Buchstaben und Schriftzügen symbolisieren.
- HAND, BEIN, KNIE usw.: Natürlich müssen auch alle betroffenen Körperteile gestärkt werden.
- VERBRENNUNG, SONNENBRAND, BRANDBLA-SEN: Auch hier hilft es, die Buchstaben und Schriftzüge aus kühlem Material abzubilden. SONNENBRAND, geschrieben mit Buchstaben aus Eis, verhelfen beispielsweise zum schnellen Abklingen der Symptome.

Gewichtsprobleme

Eingangs möchte ich erwähnen, daß immer noch viel zu viele Menschen – vor allem Frauen – abnehmen möchten, obwohl sie aus medizinischer Sicht Normalgewicht haben. Seit zwei Jahren ist nun in Forscherkreisen bekannt, daß die alte Berechnung des Idealgewichts, also Körpergröße in Zentimeter minus hundert minus zehn bis fünfzehn Prozent schlicht auf einer wissenschaftlichen Fehleinschätzung von einem gesundheitserhaltenden Gewicht beruhte. Heute sieht man ein anderes Normalgewicht als ideal an: Körpergröße minus hundert. Natürlich werden hier noch Schwankungsbreiten je nach Konstitution, Alter und Geschlecht toleriert. So gilt heute beispielsweise eine 1,60 Meter große vierzigjährige Frau mit einem Gewicht von 62 Kilogramm als *absolut normal- und idealgewichtig.* Noch vor fünf Jahren hätte diese Frau nach den alten Maßstäben versuchen sollen, 8 Kilogramm abzunehmen und dafür unnütz sämtliche Diätrisiken in Kauf zu nehmen. Man bedenke, daß jede Reduktionsdiät unter 1200 Kalorien (einige Ernährungswissenschaftler ziehen die Grenze sogar bei 1500 Kalorien) eine Mangelernährung für die erwachsene Frau darstellt – egal, wie ausgewogen diese angeblich zusammengestellt ist.

Wie ungesund und erfolglos Diäten sind, habe ich schon ausführlich in dem Buch *Easy Weight – der mentale Weg zum natürlichen Schlanksein* beschrieben. Lesen Sie dort weiter, wenn Sie sich weiter in das Thema »Abnehmen mit NLP« vertiefen und Hinweise über die aktuellsten Ernährungserkenntnisse bekommen möchten. Hier möchte ich schildern, welche MAGIC WORDS zur Gewichtsreduktion und Überwindung von Eßstörungen besonders wichtig sein können. Will man diese Symptome erfolgreich überwinden, ist gerade bei Gewichtsproblemen die *unbewußte Haltung* der Betroffenen von entscheidender Bedeutung. Es gibt beispielsweise kaum einen Übergewichtigen, der sich nicht perfekt mit gesunder Ernährung auskennt. Aber trotz dieser im Bewußtsein durchaus vorhandenen Vernunft und Einsicht wird immer wieder zugeschlagen. So entsteht natürlich ein Diätstreß, der paradoxerweise dick macht. Denn es gibt einen wissenschaftlich nachgewiesenen Zusammenhang zwischen Streßsymptomen und Gewichtszunahme.

Deshalb testen Sie als erstes alle Wörter, die mit einem *Abnahmeerfolg* verknüpft sind: SCHLANK, DIÄT, ABNEHMEN, FIGUR, SATT usw. Sie werden feststellen, daß fast alle Übergewichtigen diese Begriffe als absolute Streßwörter abgespeichert haben, obwohl sie sich bewußt doch so sehr eine schlanke Figur wünschen.

Übergewichtige und Eßgestörte verbinden diese »Erfolgswörter« seit vielen Jahren unbewußt mit Erlebnissen wie Zwang, Mißerfolg und Niedergeschlagenheit. So haben wir es wieder mit einem Teufelskreis zu tun. Zum Abnehmen benötigt man eine große Portion an Durchhaltewillen und seelischer Energie. Doch wo soll die Energie herkommen, wenn schon die Wörter ABNEHMEN oder SCHLANK die Energiebremse ziehen.

Zusätzlich bringt das Gewichtsproblem wie kaum ein anderes eine Reihe äußerst entwürdigender Begriffe mit sich: FETT, DICKE(R), ARSCH, TONNE, SPECK, WABBELIG,

ÜBERGEWICHT usw. So betrachtet sich vielleicht jemand mit folgendem Gedanken im Spiegel:»Hilfe, was sehe ich wieder fett aus, dieser dicke Bauch und dieser wabbelige Arsch . . .« Die Energiereserven sinken auf Null; man fühlt sich schwach und völlig hilflos. Der nächste Schritt ist der Gang zum Kühlschrank, um das Gefühlsloch der Niedergeschlagenheit zu stopfen und etwas Trost zu finden.

Verzaubern Sie also gerade diese Streßwörter zu MAGIC WORDS: Machen Sie sich durch ein so gewonnenes Kraftpotential dem FETT und sonstigen Widersachern überlegen. Das verhilft zu den nötigen Energiereserven, um bis zum Ziel durchzuhalten. Britta besorgte sich beispielsweise ein Reklamebild für eine bestimmte Jeansmarke. Hier sieht man in Großaufnahme nur einen schlanken Frauenpo in einer hautengen Jeans mit dem Slogan:»Ich trage, was ich will.« Den Namen der auf der Jeans angebrachten Marke überklebte sie ganz einfach mit DICK, so daß DICK der Markenname zu sein scheint: »DICK – ich trage, was ich will.« Britta wirkt jetzt selbstsicher und siegesbewußt, wenn das Wort DICK fällt. Und sie ist es auch. Sie hat mittlerweile schon 5 Kilogramm ohne Diät abgenommen.

Sie können mit dem O-Ringtest auch ihr Zielgewicht austarieren. Sagen Sie beim Test laut die angestrebte Kilogrammzahl. Auch hier hatten wir mit Britta ein interessantes Erlebnis. Bei ihrem Traumgewicht, 49 Kilogramm, ging der O-Ring auf. Dieser Streßeffekt hielt an, *obwohl sie 49 Kilogramm auf die bekannte Weise verzauberte.* MAGIC WORDS funktionierte erst bei 54 Kilogramm. Unser Gehirn läßt also nur »Zaubereien« zu, die eine gesunde und positive Wirkung auf Seele und Körper haben. Tatsächlich waren 49 Kilogramm bei Brittas Größe auch ein viel zu niedriges Wunschgewicht.

Bei Gewichtsproblemen ist es sehr wichtig, auch MAGIC WORDS fürs Selbstbewußtsein einzusetzen. Gerade das Wort ICH ist bei den Übergewichtigen oder Eßgestörten immer

169

schwach. Es ist, als würde der Körper mit den überflüssigen Pfunden das Gewicht ausgleichen wollen, welches der Persönlichkeit fehlt. Magersüchtige Patienten sollten auch das Wort FRAU und Körperregionen wie BUSEN, PO und BAUCH stärken. Natürlich spielt bei Gewichtsproblemen auch die Ernährung eine Rolle. Doch zu diesem Thema finden Sie alle relevanten Informationen im Kapitel über die Ernährung. Oft scheinen Übergewichtige auf bestimmte Nahrungsmittel nahezu süchtig zu sein. Auf dieses Problem finden Sie Antworten im Kapitel über Süchte.

Anwendung in der Diagnostik

Oft fühlen wir uns körperlich unwohl, ohne die Ursache für die Symptome zu kennen. Viele Menschen haben auch Befürchtungen, an bestimmten Körperstellen zu erkranken, obwohl sie völlig gesund sind. Das ist meistens der Fall, wenn Familienangehörige an einer bestimmten Krankheit gestorben sind und man befürchtet, die Krankheit »geerbt« zu haben.

MAGIC WORDS kann Ihnen erste Hinweise über die gesundheitliche Befindlichkeit einzelner Körperregionen geben. Diese Diagnostikmethode ist jedoch nicht speziell unsere Entdeckung, sondern wird häufig in der allgemeinen Kinesiologie eingesetzt. Bitten Sie Ihren MAGIC-WORDS-Testpartner, mit Ihnen den O-Ringtest durchzuführen. Sie sprechen dabei die Wörter für einzelne Körperbereiche aus: MAGEN, WIRBEL-SÄULE, GALLE usw. Ich beschrieb schon, daß das Gehirn aufgrund der parallel arbeitenden Modulprogramme mit dem Wort automatisch und zuverlässig die richtige Körperregion verknüpft. Zeigt ein Begriff so die Streßwort-Wirkung, ist das ein Hinweis auf eine gesundheitliche Anfälligkeit.

Ebenso können Sie Fragen nach der Krankheitsart stellen. So hatte Karsten beispielsweise seit geraumer Zeit schnupfenähnliche Symptome. »Ich bin bestimmt wieder gegen irgend etwas allergisch«, sagte er leicht genervt. Jedoch hielt der O-Ring entgegen seinen bewußten Annahmen bei ALLERGIE bombenfest. Aber bei ERKÄLTUNG gab's eine deutliche Schwächereaktion. Kurze Zeit danach tobte sich die Erkältung aus, und er war symptomfrei. »Es ist erstaunlich, auch mein Arzt hat bestätigt, daß es sich um eine Erkältung gehandelt hat.« In diesem Zusammenhang möchte ich noch einmal erwähnen, daß Sie MAGIC WORDS auch zur Überprüfung von Heilerfolgen einsetzen können. Auf diese Weise können Sie testen, ob ihr Körper eine Krankheit vollständig überstanden hat. So wußte neulich eine Klientin nicht, ob bei ihrer kleinen Tochter der Scharlach schon vollständig überstanden war. Heutzutage tritt Scharlach in vielen Symptomvariationen auf. Außerdem verfälschen die erforderlichen Medikamente oft das Krankheitsbild. »Obwohl sie schon wieder den ganzen Tag spielte, zeigt sich bei SCHARLACH eine Schwächereaktion. Eines Morgens aber hatte sie wieder die volle Muskelkraft. Erstaunlicherweise reagiert sie ab diesem Tag dann mit Schwäche auf die Medikamente, die zuvor im Muskeltest positiv davonkamen. Jetzt wußte ich, daß Nadine wieder vollständig gesund war.«

Zur Verträglichkeit von Medikamenten

Kennen Sie das? Ihr Arzt hat Ihnen ein Medikament verschrieben, daß Sie unbedingt einnehmen sollen. Zu Hause studieren Sie erst einmal in Ruhe den Beipackzettel. »Es können Überempfindlichkeitsreaktionen an Haut, Bindehäuten und im Nasen-Rachen-Raum auftreten. Achten Sie auch auf folgende Warnzeichen: kalter Schweiß, Schwindel, Benommenheit und Übelkeit. Ernste und lebensbedrohliche Nebenwirkungen treten häufiger bei älteren Patienten auf. Beim Auftreten von grippeartigen Symptomen, Halsentzündungen oder Fieber müssen sofort Blutbildkontrollen durchgeführt werden. Bei Überdosierung ist auf jeden Fall ärztliche Hilfe erforderlich. Bei nicht bewußtlosen Patienten soll versucht werden, Erbrechen auszulösen.«

Hierbei handelt es sich um einen von mir gemischten Textcocktail, der sich in seiner zerstörerischen Wirkung auf die Zuversichtlichkeit eines Menschen durchaus im Rahmen des Üblichen bewegt. Selbstverständlich konsumieren zu viele Menschen zu oft allzu überflüssige, ja sogar gesundheitsschädigende Pillen, Tropfen, Zäpfchen usw. Im Kapitel »MAGIC WORDS zur Entwöhnung« gehe ich daher auch auf das Thema Medikamentenentzug ein. Selbstverständlich sind Sie Ihrer Gesundheit gegenüber verpflichtet, bei Medikamenteneinnahmen kritisch und sorgfältig vorzugehen. Doch darf die geschilderte Problematik nicht als Gegenreaktion dazu führen, daß kranke Menschen dann auf gesundheitserhaltende oder gar lebensrettende Medikamente aus lauter Angst vor den Nebenwirkungen verzichten wollen. So sind beispielsweise Antibiotika, Cortison, Psychopharmaka oder Schmerzmittel bei bestimmten Symptomen und Krankheitsbildern einfach unverzichtbar. Jedoch gibt es bei jedem wirklich wirkungsvollen Medikament immer auch Nebenwirkungen.

Die Pharmafirmen sind gesetzlich verpflichtet, im Beipackzettel jede Nebenwirkung, die weltweit jemals im Zusammenhang mit dem angebotenen Medikament aufgetreten ist, zu erwähnen und zu beschreiben. Auf diese Weise finden sich dann auf diesem Informationspapier noch nicht einmal zehn Zeilen über Wirkung und Nützlichkeit des Präparates und demgegenüber hundert Zeilen zum Thema Nebenwirkungen. So wird der Name des Präparates automatisch zum Streßwort für den Beipackzettelleser – es sei denn, der Arzt hat sich genügend Zeit genommen, um die berechtigte Angst des Patienten abzubauen. Bei sensiblen Menschen treten dann die befürchteten Nebenwirkungen allein schon als Placeboeffekt* auf. Ein Placebo ist ein völlig wirkungsloses Scheinmedikament, welches ahnungslosen Versuchspersonen als »echtes« Mittel gegeben wird. Viele dieser Menschen verspüren als Effekt dieser Falschinformation eine echte Wirkung, die sie allein mit psychischer Kraft in sich selbst erzeugen. Erwartet ein Patient, wie in diesem Kapitel dargestellt, von einem Medikament eine schädliche Wirkung, müßte man korrekterweise vom Noceboeffekt** sprechen. Im Buch *Sanfte Schmerztherapie mit mentalen Methoden* beschreibe ich, wie man den Placeboeffekt auch ohne unwürdiges Täuschungsmanöver für mental gesteuerte Heilungsprozesse einsetzen kann.

Sollten also Sie oder Ihre Angehörigen aus gesundheitlichen Gründen kurz- oder langfristig auf ein Medikament unverzichtbar angewiesen sein, müssen Sie es auch mit MAGIC

---

*   Placebo (lat.): »Ich werde nützen«
** Nocebo (lat.): »Ich werde schaden«

WORDS verzaubern, um einen möglichen Noceboeffekt auszuschalten. Der verzauberte Präparatname muß symbolisieren, daß die Wirkung positiv ist und Ihnen wirklich geholfen wird. Viele unserer Patienten haben auf diese Weise schon unerwünschte Nebenwirkungen von ihren Medikamenten reduzieren oder ganz abbauen können.

Zum Medikamententhema paßt im weitesten Sinne auch die Geschichte von Petras verzweifelter Suche nach einer geeigneten Verhütungsmethode. Nachdem Sie einen Schwangerschaftsabbruch erlebt hatte, wollte sie »auf Nummer Sicher gehen«. Die Pille bekam ihr nicht, Kondome und Diaphragma waren ihr zu unsicher, von der Spirale hatte sie früher immer Unterleibsentzündungen bekommen, und strikte Enthaltsamkeit konnten sie und ihr Freund erst recht nicht als Ausweg akzeptieren. »Am liebsten würde ich trotz allem die Spirale nehmen. Auch mein Frauenarzt empfiehlt mir dringend diese Lösung«, erzählte sie ganz unglücklich.

Wir machten eine Pluspunktliste für die Spirale:

- beschützt mich vor einer ungewollten und unglücklichen Schwangerschaft;
- hilft mir, mein Leben zufrieden zu gestalten;
- ist eigentlich meine Freundin.

Petra entwarf nun ein MAGIC WORD, welches sie nicht an das Material der Spirale, sondern an die oben gezeigten Pluspunkte erinnert, »vor allem daran, daß sie meine Freundin ist«. Im Gegensatz zu vorher bestand dann die SPIRALE den O-Ringtest. »Seit über einem halben Jahr habe ich jetzt schon die Spirale, und ich verspüre überhaupt keine Nebenwirkungen«, berichtete sie vor kurzem.

6.
MAGIC WORDS zur Entwöhnung von schädlichen Suchtmitteln

Es heißt: »Der Geist ist willig, aber das Fleisch ist schwach.« Entsprechend schildern auch Suchtbetroffene, daß sie »schwach« werden, wenn sie die Flasche Bier, die Zigarette, die geliebte Schokolade oder die tröstende Pille vor sich sehen, von der sie körperlich abhängig sind. Doch erstaunlicherweise ist *bei starker Abhängigkeit oft das Gegenteil der Fall*. Machen Sie bei einem Abhängigkeitsproblem eine Suchtwortliste, beispielsweise: RAUCHEN, ZIGARETTE, CAMEL. Bei einer hartnäckigen Abhängigkeit werden Sie feststellen, daß mindestens eines dieser Wörter, die das jeweilige Suchtmaterial betreffen, eine *deutliche Kraftreaktion* beim O-Ringtest auslösten. SÜSSIGKEITEN, WHISKY oder VALIUM klingen wie Musik in den Ohren der Abhängigen und symbolisieren die Erfüllung aller ungelebten Träume und Sehnsüchte. Der Sucht liegt immer der unbewußte Irrtum zugrunde, daß die Suchtmittel psychisch oder körperlich stärken würden. Auf dieser Grundlage entsteht dann die tragische Anziehungskraft. Wenn das FLEISCH – also der Körper – sich wirklich schwach anfühlte, würden die Betroffenen die Suchtmittel mit einer natürlichen Abwehr links liegenlassen – ebenso wie man nicht über eine Brücke gehen mag, wenn BRÜCKE oder HÖHE Streßwörter sind. Ich beschrieb bereits, daß unser Gehirn sehr wohl auch die psychische Komponente in die Beurteilung des Phänomens »Gesundheit« miteinbezieht. Auf diese Weise codiert das Gehirn – und somit unser Organismus – die entsprechenden

Schlüsselwörter – nicht etwa mit Merkmalen von Gift oder Krankheit, sondern von *intensivster Lebensqualität*. Begriffe, die dann tatsächlich Gesundheit und Leben garantieren, wie etwa NÜCHTERN, ENTZUG oder DIÄT, lösen eher Erlebnisqualitäten eines öden und farblosen Langeweilegefängnisses aus. Hier hat die MAGIC-WORDS-Intervention das Ziel, dieses Mißverhältnis wieder in eine gesunde Balance zu bringen.

Es gibt auch medizinische Erklärungen für die paradoxe Kräftereaktion des Organismus auf Substanzen, die ihn eigentlich letztendlich zerstören. Man weiß heute, daß unser eigener Körper eine wahre Chemiefabrik ist. Aus eigener Kraft kann er beispielsweise schmerzstillende, entspannende oder wachmachende Mittel produzieren. Man denke nur an die körpereigenen morphiumähnlichen Endorphine, die eine schmerzstillende Wirkung haben. Dabei stellt der Organismus die jeweiligen Stoffe nicht nur von Fall zu Fall her, sondern ermöglicht einen *permanenten Spiegel*, also ein Mindestniveau dieser Substanzen im Körper, welches nicht unterschritten werden darf. Diese Substanzen garantieren – wie gesagt – unter anderem auch unser psychisches Wohlbefinden. Umgekehrt wird die Produktion dieser körpereigenen Glücksdrogen auch durch äußere Ereignisse gefördert.

So kann es sein, daß der Körper bei einer zu intensiven oder langen Konfrontation von außen mit Erlebnissen wie Eintönigkeit, Kränkung, Einsamkeit und Verlust nicht mehr genug eigene Drogen produzieren kann. So entsteht im Betroffenen das schmerzliche Gefühl eines Mangelzustands. Er sucht unbewußt nach einer »Heilung« dieses Mangels. Oft stellt dann die Droge von außen die Illusion einer Lösung dar. Vielleicht kann man sich mit diesem Denkmodell erklären, warum nicht alle Menschen chronisch süchtig werden, wenn Sie mit verschiedenartigen Drogen in Kontakt kommen.

Nimmt ein Mensch nun aber süchtigmachende Substanzen zu sich, stellt der Körper offensichtlich die Produktion der »eigenen Drogen« völlig ein, da er ja von außen gut versorgt wird. Beim Absetzen der Suchtmittel muß der Süchtige bekanntermaßen einen *Entzug* überstehen. Die oft quälenden Entzugserscheinungen dauern dann so lange an, bis der Körper die besagten Stoffe wieder in seinen »eigenen Fabriken« produziert. Diese Wirkungsmechanismen gelten für legale Drogen wie Alkohol, Nikotin, verschiedene Medikamente und natürlich ebenso für illegale Drogen. Insofern hat der Körper letztendlich »recht«, wenn er mit einer Stärkereaktion im O-Ringtest anzeigt, daß er die Suchtmittel braucht. Ist die Abhängigkeit jedoch überwunden, zeigt der Körper sofort wieder eine schwache Reaktion auf die eigentlich schädlichen Substanzen, die ja als »Nebenwirkung« Körper und Leben zerstören können.

Bei der Sucht nach Kohlehydraten – vor allem Süßigkeiten –, unter der Übergewichtige und Eßgestörte oft leiden, erlebt der Körper durch rabiate Hungerkuren oder Diäten offensichtlich ebenfalls ein intensives Mangeltrauma. Wir wissen heute, daß unser Organismus *nur aus Kohlehydraten* den Stoff *Serotonin* bilden kann. Unser Gehirnstoffwechsel benötigt Serotonin für ein ausgeglichenes psychisches Wohlgefühl und ebenfalls zur Schmerzreduktion. Während der meisten Diäten ist das Gehirn mit dem wichtigen Stoff Serotonin unterversorgt. Als Folge entsteht eine Gier vor allem auf Süßigkeiten. Denn Süßigkeiten liefern die am schnellsten verwertbaren Kohlehydrate. Zwar enthalten beispielsweise Brot und Gemüse ebenfalls Kohlehydrate, doch geraten diese Kohlehydrate für die momentane Notsituation viel zu langsam in den Stoffwechsel. Mit der Süßigkeitengier will das Gehirn offensichtlich ein für allemal verhindern, daß jemals wieder ein Serotoninmangel eintritt. In dieser Extremsituation werden dann die Nachteile von Zucker für die Gesundheit des Organismus in Kauf genommen.

Indirekt spielt sich das gleiche Prinzip bei Süchten ab, wenn keine unmittelbar schädliche Substanzen eingenommen werden können. Bei der Spielsucht oder verschiedenen sexuellen Abhängigkeiten scheinen die Betroffenen ein derartiges psychisches Wohlbefinden oder eine derartig positive Erlebensqualität wahrzunehmen, wie sie sie aus eigener Kraft nicht herzustellen in der Lage sind. Aber ein psychisches Erlebnis basiert ja letztendlich auch nur auf einer bestimmten Stoffwechselreaktion in Gehirn und Körper. Hier wäre das Ziel, gesundheitsfördernde und positive Auslöser im Leben zu finden, die dann ähnliche »Highlights« erzeugen, so daß die Sucht eine natürliche Konkurrenz bekommt.

Übrigens kritisiere ich die Manie, heutzutage alles eine »Sucht« zu nennen, was die Menschen fasziniert, beschäftigt oder anzieht. Geht das so weiter, wird eines Tages noch die »Sauerstoffsucht« des Menschen definiert. Man sollte wirklich nur von einer Sucht sprechen, wenn der Organismus auch zufrieden, gesund und glücklich ohne die Suchtgegenstände oder -substanzen leben könnte. So kann ein Mensch durchaus glücklich und gesund ohne Nikotin, Süßigkeiten oder Tranquilizer leben. Man kann auch ein ausgefülltes Sexualleben führen, ohne überall Unterhöschen oder Pornoheftchen verstecken zu müssen. Jedoch kann kein Mensch glücklich ohne Kontakt zu Mitmenschen oder ohne eine Aufgabe oder Arbeit leben. Bei der »Sucht« nach Liebe oder Arbeit ist sicher eher eine Selbstwert- oder Angstproblematik die *primäre Ursache*, und es handelt sich hier nicht um eine Sucht im klassischen Sinne. Selbstverständlich kann man auch feststellen, daß es einen Menschen gibt, der einen unglücklich macht, von dem man aber nur schwer oder gar nicht loskommt.

Doch habe ich dieses Thema bewußt nicht im Kapitel »Sucht«, sondern unter der Überschrift »MAGIC WORDS im Umgang mit anderen Menschen« bearbeitet.

Genauigkeit ist also bei den psychiatrischen Diagnosen sehr wichtig. Auch die »Eßsucht« ist für mich vor diesem Hintergrund strenggenommen ein fragwürdiger Begriff. Schließlich soll sich der Betroffene nicht das Essen abgewöhnen, sondern das Ziel ist, ein positives Verhältnis zum Essen zu finden.

MAGIC WORDS beziehen sich in diesem Kapitel also ausschließlich auf den Entzug von Substanzen oder Phänomen von außen, auf die der Mensch *tatsächlich absolut und ohne Schaden an Seele oder Körper verzichten kann*. Und selbstverständlich ist auch dieses Kapitel lediglich auf den »Hausapotheken-Bereich« bezogen. Wir haben MAGIC WORDS bisher eingesetzt bei:

• Raucherentwöhnung,
• Alkoholentzug,
• Medikamentenentzug oder -reduktion,
• Abbau von Süßigkeitenhunger.

Suchtwörter entzaubern

Eine Suchtproblematik ist *der einzige Fall*, in dem wir »MAGIC WORDS rückwärts« anwenden. Dabei geht es hier ganz streng um gesundheitsschädliche Substanzen, die *eingenommen* oder wie auch immer dem Körper zugeführt werden. Denn hier wäre die *gesunde Reaktion* des Körpers, die organisch schädliche Wirkung der betreffenden Substanzen im O-Ringtest durch eine Schwächereaktion zu dokumentieren. Von dieser Ausnahme abgesehen ist sonst natürlich immer die *körperliche Stärkung* das Ziel dieser Methode. Schon bei der sogenannten Spielsucht muß das SPIEL wie gehabt gestärkt werden, da ein Spiel keine Substanz ist, die man körperlich einnimmt. Der Betroffene soll sich dem Spiel überlegen fühlen.

Man darf bei einem Suchtproblem jedoch nie eine »Entzauberungs«-Intervention machen, ohne – wie im nächsten Kapitel dargestellt – eine *Stärkung der Zielwörter* anzuschließen: »Nimm nie einem Menschen etwas fort, ohne ihm nicht dafür etwas zu geben!«

Ich beschrieb bereits, daß die Schlüsselwörter beim Suchtthema dem Betroffenen oft wie ein »Märchen aus Tausendundeiner Nacht« erscheinen. Nicht umsonst hat sich auch in dem Wort »Sehnsucht« die SUCHT versteckt. Wir sind alle voller Sehnsüchte, und jeder gesunde Mensch spürt den sogenannten Lebenshunger in sich. Die Suchtmittel verheißen mit ihrem Versprechen einer zauberhaften Welt, diesen Lebenshunger stillen zu können.

183

Denken Sie einmal an den armen Odysseus, den man anbinden mußte, damit er nicht mit völlig ausgeschaltetem Verstand dem wunderschönen Gesang der Sirenen folgte. So kräftig war also seine Muskelreaktion auf ein betörendes Sinneserlebnis, obwohl er über seinen Verstand ganz klar wußte, daß der Sirenenklang tödliches Verderben garantieren würde, da sein Schiff damit auf verhängnisvolle Klippen gelockt werden würde. Aber was wäre gewesen, wenn Odysseus mehr auf Joe Cocker »abgefahren« wäre und ihn klassischer Damengesang schrecklich genervt hätte? Dann hätte man ihn getrost vom Mast abbinden können. Er hätte freiwillig um die besagten Sängerinnen einen Bogen gemacht.

Dem Kettenraucher Hans-Dieter leuchtete dieser Vergleich ein. Bei der WORTSTRUKTUR-ANALYSE seiner Zigarettenmarke sagte er: »Es klingt zwar platt, aber ich sehe den Namen in großen, weißen Buchstaben über einer traumhaften Prärielandschaft schweben. Die Werbung läßt grüßen.« In diesem Fall sollte die »MAGIC-WORDS-rückwärts-Kette« die Minuspunkte der Zigarette symbolisieren: KRANKHEIT, KÜRZERES LEBEN, FAHLE HAUT, KURZATMIGKEIT – also das Gegenteil von »Prärie«.

Nachdem er noch die Schlüsselwörter RAUCHEN und ZIGARETTE entsprechend entmystifiziert hatte, begann er zwei

Wochen später eine zunehmende Abneigung gegen das Rauchen zu entwickeln.»Das Aufhören fiel dann letztendlich leicht. Jetzt kann ich schon keinen Rauch mehr riechen«, berichtete Hans-Dieter ein Vierteljahr danach.

Ähnlich wie Hans-Dieter haben bisher alle Personen, die »MAGIC WORDS rückwärts« zur Entwöhnung einsetzten, über Aversionsphänomene berichtet. Auch hier kennt die Phantasie keine Grenzen. Marion stellt sich SEKT aus verschrumpelten Äpfeln gelegt vor:»Die Haut altert ja auch viel schneller bei regelmäßigem Alkoholgenuß; dieser Anblick erinnert mich daran.«

Achten Sie besonders darauf, die meist sehr wohlklingenden Namen der Suchtmittel zu entzaubern. Vor allem die magnetische Wirkung von Markennamen wird ja durch die Werbung ganz gezielt aufgebaut. Die Entzauberung kann auch hier sehr gut mit akustischen Mitteln funktionieren. Die abhängigkeitsgefährdete Elisabeth sprach das Wort VALIUM immer ganz ruhig und verträumt aus. Sie ließ sich dann in Gedanken das Wort in höchster Tonlage von vielen unangenehmen Stimmen laut ins Ohr kreischen.»Ich zucke jetzt richtig zusammen, wenn ich an das Wort nur denke. Von Beruhigung keine Spur. Das Mittel ist tatsächlich entzaubert.«

Iris stopfte sich so gern mit Süßigkeiten voll. Die Entzauberung fiel ihr auf Anhieb schwer. So mußten wir einen kleinen Umweg gehen:»Gibt es etwas, was du ganz furchtbar langweilig findest?« – »Also Warten finde ich entsetzlich – egal, wo. Ich könnte dabei immer weglaufen oder gar platzen!« antwortete sie. Wir machten dann eine WORTSTRUKTUR-ANALYSE zu WARTEN und übertrugen die Merkmale dann auf SÜSSIGKEITEN.»Das stimmt ja sogar: Der Süßigkeitenkonsum zwingt mich ja auch zu einem unerträglichen Warten auf eine schöne Figur«, fiel Iris ein. Jetzt empfindet sie Süßigkeiten »zum Weglaufen«.

Süchtig nach Gesundheit

Die meisten Suchtbetroffenen haben kaum eine positive Vorstellung davon, für welches Ziel im Leben sie ihr »Laster« einstellen sollen. Sie wissen nur, was Schlimmes passieren könnte, wenn sie nicht rechtzeitig die Kurve bekommen. Irgendwann jedoch schreckt das Schlimme so nachhaltig, daß die Entwöhnung ernsthaft ins Auge gefaßt wird. Dabei fällt eine Entwöhnung viel leichter, wenn ein bestimmtes Ziel die Attraktivität eines Suchtmittels in den Schatten stellen kann.

Machen Sie beim Suchtthema bitte eine Schlüsselwortliste zu den *Zielen*, die Sie durch die Entwöhnung erreichen können, beispielsweise GESUNDHEIT, SCHÖNHEIT, JUGEND, SCHLANK, LIEBE und EROTIK, LEBEN, EKSTASE. All das sind Qualitäten, die man mit einem gesunden, nicht von Giften zerstörtem Körper intensiver, anhaltender und langfristig erleben kann. Stärken Sie diese Wörter mit MAGIC WORDS. Verwandeln Sie diese zu einem Feuerwerk an Lebensintensität, Genuß und Abenteuer.
Die Darstellung soll sämtliche Versprechen enthalten, die zuvor vom Suchtmittel vorgegaukelt wurden. Farben und Leuchteffekte sowie Weiteerlebnisse sind hier besonders wichtig, da diese subjektiven Wahrnehmungen auch immer Bestandteile von Suchterlebnissen sind. Vielleicht verfahren Sie auch, wie im Kapitel zuvor beschrieben: Erstellen sie eine WORT-STRUKTUR-ANALYSE vom *noch nicht entzauberten* Sucht-

wort. Übertragen Sie dann diese magnetischen Merkmale auf das jeweilige Zielwort. Danach wird dann das Suchtwort entzaubert. Jetzt kann eine neue Sucht entstehen: Die Sucht nach Gesundheit.

7.
MAGIC WORDS
im täglichen Leben

Natürlich sind alle bisher genannten Themen Bestandteil unseres täglichen Lebens. In diesem Kapitel möchte ich dabei speziell den Ablauf täglicher, sich *wiederholender* Zeiteinheiten und Aufgaben vertiefen, die die Alltäglichkeit im wahrsten Sinne des Wortes wie endlose Fäden durchziehen: alle Tage wieder. Ungefähr alle sieben Tage gibt es einen Montag, und nahezu täglich wacht man auf oder schläft. Jeder Mensch ist permanent mit Herausforderungen konfrontiert, die seinen Lebenssehnsüchten scheinbar widersprechen: Fensterputzen, Schularbeiten, endlose Konferenzen, in denen die Krawatte immer enger wird, Verkehrsstaus, Regengüsse, benutztes Geschirr wegräumen, Haare fönen usw.

Es ist schade, wenn diese unausweichlichen Alltagsphänomene auch noch unnötige psychische Energie aufzehren. Denn wir haben nicht die Wahlfreiheit wie bei anderen Dingen in unserem Leben, uns diesen Anforderungen zu entziehen. Wenn ich beispielsweise einen Urlaub am Nordpol schrecklich fand, kann ich mich ohne negative Konsequenzen frei dazu entscheiden, niemals wieder in meinem Leben an diesen kühlen Ort zu reisen. Empfinde ich jedoch das Haarewaschen als eine Zumutung, würde meine Harmonie bei einer strikten Vermeidung dieser Tätigkeit arg gestört werden. Die negativen Konsequenzen hieraus wären am Ende aufwendiger als die ungeliebte Waschaktion.

Es ist mit den Alltagspflichten wie mit den Schuhen, die wir in unseren Breitengraden täglich tragen. Gutsitzende Schuhe spüre ich den ganzen Tag so gut wie gar nicht. Die entsprechenden Gefühle an den Füßen verarbeite ich unbewußt. Drückt jedoch ein Schuh, spüre ich ihn ständig. Er kann mir den ganzen Tag verderben.

Mit MAGIC WORDS erreichen Sie, daß die Alltagspflichten nicht mehr so sehr drücken und belasten. Versuchen Sie es!

Wochentage und andere Zeitbezeichnungen

Josef seufzte in einem Seminar: »Morgen, am Sonntag, ruhe ich mich noch einmal schön aus. Aber der Sonntag ist immer so kurz. Und dann kommt wieder der lange Montag ...« Wir überprüften nach dieser Klage bei ihm gleich mit dem O-Ringtest die Wirkung dieser beiden Wochentagsnamen. Wie erwartet, hatte er beim bloßen Aussprechen des MONTAGS wesentlich weniger Kraft als beim Vernehmen von SONNTAG. Die WORTSTRUKTUR-ANALYSE ergab einen deutlichen Unterschied zwischen der inneren Repräsentation dieser beiden Tage:

Josef sah außerdem die Buchstaben des Sonntags in freundlichbunten, den Montag hingegen in schwarzen Buchstaben. Er gestaltete dann den MONTAG kürzer, dafür aber in ähnlich freundlichen Farben wie den SONNTAG. Auch alle anderen Wochentage wurden bunt. Die Schriftzüge SONNABEND und SONNTAG dehnte er noch visuell schön in die Länge. »Tatsächlich erscheint mir das Wochenende jetzt subjektiv viel länger als die Woche zu sein. Am verblüffendsten ist mein neues ›MONTAG-Gefühl‹. Ich kann jetzt an diesem Tag viel effektiver arbeiten und fühle mich auch körperlich im Gegensatz zu vorher am Wochenbeginn wach und leistungsfähig.«

Unbewußte negative Einstellungen zu bestimmten Zeitbezeichnungen, wie Tages- und Monatsnamen, können einen unerwünschten Umkehreffekt erzielen: Der Montag wird *tatsächlich* öde, endlos und mühsam, wenn ich ihn vorher schon so »programmiere«. Wir nennen diesen Effekt in der Psychologie die *Self Fulfilling Prophecy*, die sich selbst erfüllende Prophezeiung.

Überprüfen Sie daher einmal, wie vor dem geistigen Auge die einzelnen Wochentage, Monatsnamen oder Jahreszeitenbezeichnungen auf Sie wirken. Sorgen Sie dafür, daß all diese lebenslang immer wiederkehrenden Zeiteinheiten zu MAGIC WORDS in ihrem Leben werden. So kann durchaus auch der November von der Lebensqualität her ein bunter Monat werden. Auf diese Weise übernehmen Sie die bewußte Regie für Ihre Zukunft. Lesen Sie bei näherem Interesse für die Möglichkeiten der Zukunftsgestaltung im entsprechenden Kapitel weiter (vgl. S. 241).

Alltagspflichten

Sie kennen folgende Begrüßungszeremonie: »Na, wie geht's?« – »Muß ja (seufz).« Zugegeben, viele Menschen haben tatsächlich ein schweres Alltagslos zu tragen. Es wäre sicher zynisch zu behaupten, all diese Betroffenen hätten nur an den Folgen einer falschen Lebenseinstellung zu leiden. MAGIC WORDS soll also nicht den Blick auf politische oder soziale Ungerechtigkeiten verschleiern helfen. Aus diesem Grund ist auch gleich das erste Kapitel dieses Buches dem Thema »Selbstbewußtsein« gewidmet. Denn selbstbewußte Menschen lassen sich weniger gut umherschubsen als unsichere Personen und treten spontaner für ihre Rechte ein.

Doch muß der Alltag eines Menschen nicht *zusätzlich* zu den vielfältigen Anforderungen auch noch trist, grau und öde programmiert sein. Wer sagt denn überhaupt, daß der Alltag grau ist? Das ist eine Vorgabe, die wir unbewußt und kritiklos aus Erziehung und Literatur übernommen haben: »Der Ernst des Lebens kommt früh genug!« Es ist eine Tatsache, daß besonders erfolgreiche Menschen ihre Arbeit als bunt und faszinierend, niemals jedoch als grau empfinden. Nur diese »Buntheit« erweckt in den Erfolgreichen das ausdauernde Verlangen, sich intensiv und sorgfältig mit der jeweiligen Materie zu befassen. Außerdem schenkt diese Buntheit die Kraft, sich weiterentwickeln zu wollen, und wirkt so der Gefahr, aus purer grauer Hoffnungslosigkeit auf einem bestimmten Stand im Leben zu verharren, wirkungsvoll entgegen.

Ingrid machte bei diesem Thema folgende Entdeckung: »Eigentlich ist ALLTAG ein tolles Wort. Es kann ja auch bedeuten, daß *jeden Tag ALLES MÖGLICHE* passieren kann!« Entsprechend bunt und abenteuerlich sah dann später auch ihr MAGIC WORD zu ALLTAG aus. Ingrid veränderte dann noch die Wörter ARBEIT, FIRMA und CHEF. Diese MAGIC WORDS gaben ihr einen derartigen Elan, daß sie sich noch im selben Monat für einen anderen Arbeitsplatz bewarb.

Auf diese Weise können auch Sie eine persönliche Schlüsselwortliste erstellen, die ihren persönlichen Alltag repräsentiert. Sie vertreiben so die weitverbreitete Alltagsdepression, gewinnen wertvolle Energie, um ihr Leben – falls erforderlich – umzugestalten.

Besonders hilfreich ist noch das Verzaubern von Alltagstugenden, die den meisten von uns als ziemlich unangenehme Streßwörter in den Knochen sitzen: DISZIPLIN, PÜNKTLICHKEIT, FLEISS, ORDENTLICHKEIT, LERNEN. So beklagte Ingrid sich außerdem, daß sie nicht die nötige Disziplin dazu hätte, sich fortzubilden. Nachdem Sie dieses Wort noch verzauberte, macht ihr Lernen wieder Spaß.

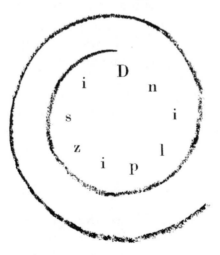

Das Morgenritual

Wenn Sie in der MAGIC-WORDS-Methode schon geübt sind, benötigen Sie für dieses »Morgenritual« nur wenige Minuten. Jeder Mensch weiß meist schon beim Aufwachen, um welchen Wochentag es sich an diesem Tag handelt. Darüber hinaus existieren schon vage oder konkrete Vorstellungen über die jeweiligen Ereignisse, die während des Tages anstehen werden. Gustav stöhnte sich morgens beim Aufwachen schon mit genervter Stimme den aktuellen Wochentag vor. Beispielsweise so lang gezogen: D I E N S T A G. Danach verkroch er sich mißmutig und niedergeschlagen noch einmal ins Kopfkissen. Nachdem er sich diesen Ablauf bewußtgemacht hatte, erarbeitete er sich mit MAGIC WORDS für den Tagesstart ein kleines Ritual, welches, wie er es heute ausdrückt, »irgendwie den ganzen Tag von Anfang an schon aufpeppt«.
Der Wochentag wird mit entsprechendem Datum in blinkender Leuchtschrift über den ganzen Tagesverlauf wie ein großer, krönender Bogen angebracht. »Das erinnert an eine Fernsehshow, beispielsweise ›Der große Preis‹«, erklärte Gustav. Darunter blinken abwechselnd – ebenfalls in bunter Schrift - die Tagesereignisse auf. Dazu hört Gustav eine Siegesfanfare. »Jetzt liege ich im Bett und grinse – das ist ein Riesenunterschied zu vorher. So ein humorvoller Start kann den ganzen Tag beleben.«
Natürlich sollten Sie sich ein Morgenritual nach eigenem Geschmack entwickeln. Nutzen Sie MAGIC WORDS, um

sich selbst den Tag zu »verkaufen«. Vom Zeiteinsatz reicht dann eine Minute beim Aufstehen für den erwünschten Effekt völlig aus.

8.
MAGIC WORDS für Kinder

Natürlich können gerade Kinder hervorragend von der MA-GIC-WORDS-Methode profitieren. Sie haben oft wesentlich mehr Phantasie als Erwachsene und verzaubern ihre Streßwörter meist auf Anhieb mit unendlich großem Ideenreichtum. Schulkinder setzen ihre Ideen gern mit Farben und Formen um. Kleineren Kindern können die Erwachsenen natürlich helfen. Selbst wenn das Kind noch nicht liest oder schreibt, sollte der Erwachsene das Streßwort auf ein großes Stück Papier mit dünnen Bleistiftstrichen schreiben. Diese Vorgaben können die Kinder dann aus- oder übermalen. Alle Kinder wissen schon sehr früh, daß Wörter aufgeschrieben werden. Sie sollen sich ja auch nicht mit der Rechtschreibung, sondern mit dem *Bild, dem Klang und dem Gefühl* des Wortes beschäftigen. Auch bei der Entwicklung der Zauberwörter können die Erwachsenen das Kind durch aufgemalte Ideen zur Umsetzung unterstützen.

Für Kinder ist diese Technik insofern ideal, als daß sie sich noch nicht sehr differenziert in vielen Worten über ihre Probleme ausdrücken können. Sie sagen beispielsweise plötzlich, daß der Kindergarten (oder der Lehrer) doof sei. Fragt man nach Beispielen, bekommt man die Antwort: »Der Kindergarten ist eben einfach doof!« Mit MAGIC WORDS kann man schon bei einer solchen Aussage ansetzen: Man arbeitet einfach mit dem Wort KINDERGARTEN. Meist wissen die Kinder dann sehr gut, wie sie ihre Probleme und deren Lösungen symbolisch in Formen und Farben umsetzen können.

Auch für den psychotherapeutischen Umgang mit Kindern hat MAGIC WORDS viele Vorteile. Es dauert lange, bis ein Kind seine familiären Probleme schildern kann. Oft schweigt es aus Unsicherheit oder wegen seiner Solidarität mit der Familie. So kann man dann zunächst nur mit den Wörtern ELTERN, MUTTER, VATER und mit den NAMEN DER GESCHWISTER arbeiten, die oft zentrale Schlüsselwörter für die Probleme des Kindes darstellen. Das kann auf unbewußter Ebene schon einen positiven therapeutischen Effekt haben. Weitere Anregungen für dieses Vorgehen finden Sie im Kapitel über den Umgang mit anderen Menschen (vgl. S. 217).

Sind die Kinder noch sehr klein, können Sie statt des O-Ringtests auch mit dem »Zauberarm« arbeiten, da die reine Fingerkraft als aussagefähige Reaktion noch nicht stark genug ist. Dabei stellt sich das Kind fest – mit etwas Fußabstand – auf beide Beine. Einen Arm streckt es waagerecht unter kräftiger Anspannung zur Seite, den anderen läßt es hängen. Sie als Tester stellen oder setzen sich vor das Kind. Eine Hand berührt die Schulter mit dem hängenden Arm. Mit der anderen Hand drücken Sie den ausgestreckten Arm des Kindes am Unterarm nach unten. Sie verwenden dabei eine schnelle, federnde Abwärtsbewegung, die sie nach einer Sekunde stoppen. Bei starken Wörtern mit Positivwirkung federt der Arm dann kraftvoll wieder in seine waagerechte Ausgangslage hoch. Bei einer Streßwortreaktion läßt der Arm sich ganz leicht »hinunterklappen«. Für die »Kalibrierungs«-Phase gelten auch hier dieselben Richtlinien wie beim O-Ringtest beschrieben.

Kinder haben großen Spaß an der MAGIC-WORDS-Methode. So lernen sie spielerisch mit ihrer größten Kraftquelle, der kindlichen Phantasie, Blockaden zu überwinden.

Kinder und Ängste

Die vierjährige Nadine hatte - typisch für dieses Alter – Angst vor Hexen. Wir malten – wie im Kapitel zuvor beschrieben – das Wort HEXE mit dünnen Bleistiftstrichen auf ein großes Blatt Papier. Entsprechend ihren Problemen überkrakelte das kleine Mädchen das aufgeschriebene HEXEN-Wort mit einem dunklen Wachsstift. Die Entdeckung ihres Zauberarmes machte Nadine großen Spaß. Bei dem Wort HEXE konnte ich den Arm ohne Widerstand nach unten drücken. Nachdem ich Nadines Mutter den Muskelarmtest gezeigt hatte, konnte auch sie mit Nadine die gleiche Reaktion hervorrufen. Ich sagte: »Nadine, du hast völlig recht, HEXEN sind wirklich ein schlimmes Problem für dich, das zeigt uns dein Zauberarm! Er hat gar keine Kraft bei diesem Wort.« Nadine steckte ihrer Mutter die Zunge raus: »Siehste!«

Die Eltern hatten sie stets davon überzeugen wollen, daß die Hexenangst übertrieben sei. Meist trägt diese Überzeugungsarbeit bei Kindern nur spärliche Früchte. Sie fühlen sich dann gegenüber den Verharmlosungsversuchen der Erwachsenen rehabilitiert, wenn der »Zauberarm« ihre schlimmsten Befürchtungen erst einmal bestätigt.

Im Gespräch danach faszinierte Nadine die Frage, ob Hexen wohl auch einmal Babys gewesen sind. Wir Erwachsenen versicherten ihr, daß dem so sei und daß die Hexenbabys liebend gern - wie Nadine – Gummiteddys essen würden. Nadine kicherte bei dem Gedanken an die naschenden Hexenbabys.

Danach baten wir sie einfach, ein zweites aufgemaltes HEXEN-Wort sorgfältig mit den heißgeliebten Gummiteddys auszulegen. Wir testeten den Zauberarm bei diesem Anblick. Nadine hatte deutlich mehr Kraft. »Spürst du die Kraft? So bist du also viel stärker als die HEXE. Wenn sie merkt, daß du ihren Namen in ein Gummiteddy-Wort verwandeln kannst, fühlt sie sich klein wie ein Baby und vergißt völlig, was sie eigentlich bei dir wollte!« Dann durfte Nadine das Wort aufessen. So hatten wir die angsteinflößenden Hexen in Nadines Phantasie buchstäblich versüßt. Nadines Weingummikonsum hielt sich übrigens auch nach dieser Intervention in gesunden Grenzen.

Kinder reagieren gerade bei Ängsten besonders positiv auf die neue Kraftreaktion, da sie diese unmittelbar mit einer persönlichen Tat in Verbindung bringen können. Sie sind stolz auf ihr ureigenstes Zauberwerk. Dieser Stolz kann dann stärker als die Angst werden.

Die Schule

Gerade in der Grundschule bietet es sich an, mit Kindern die immer wieder auftauchenden Streßwörter zu verzaubern. Diese sind meist durch die gesamte Schullandschaft üppig gesät: ZEUGNIS, TEST, DIKTAT, ZENSUR, BERICHT, MATHE, RECHTSCHREIBUNG, BIO, SCHULE, SCHULDIREKTOR, LEHRER, FÖRDERN, SCHULARBEITEN usw. Ob man's glaubt oder nicht: Ich habe mit dem zehnjährigen Dennis gearbeitet, der auf *all diese Wörter* mit deutlichen Muskelschwächen im O-Ringtest reagierte. Natürlich war er bereits von einer allumfassenden Mutlosigkeit befallen, als er mit seiner Mutter zu mir kam.

Bei dieser stattlichen Streßwörtersammlung teilten wir dann das MAGIC-WORD-Verfahren in mehrere Sitzungen auf. Am wichtigsten war für Dennis eine Erleichterung im Fach Mathematik. Wir verzauberten MATHE und den Namen des Lehrers. Der Erfolg stellte sich schnell ein: Dennis begann, konzentriert seine Hausaufgaben in Mathematik zu machen. Dann stärkten wir die »bösen Zensuren« VIER und FÜNF. Dennis hatte nämlich bei Tests stets große Angst vor einer VIER oder FÜNF. Der Gedanke an eine FÜNF bedrohte ihn so intensiv, daß er keinen klaren Gedanken fassen konnte. Je nach innerer Repräsentation muß man dann die Ziffer, also 4, 5, 6, oder die ausgeschriebene Zensur verzaubern.

Beim nächsten Mathetest schrieb Dennis eine Drei. Gleichzeitig wurde er besser im Fach Biologie, da auch dieses Fach von dem Mathematiklehrer unterrichtet wurde, dessen Name ja schon verzaubert war. Dennis fand ihn zwar immer noch »doof«, ließ sich jedoch von der Person nicht mehr irritieren. Später ging der Lehrer auf ihn zu und lobte ihn für seine Fortschritte. Aber da fand Dennis den Lehrer sowieso »O.K.«. Nach und nach entspannte sich die verfahrene Schulsituation. Dennis und seiner Mutter machte MAGIC WORDS so viel Spaß, daß sie aus eigener Initiative im Sinne der »Hausapotheke« noch diverse Streßwörter verzauberten. Natürlich kann diese Methode nicht das Üben und das Erledigen der Hausaufgaben ersetzen. Doch können die Lernblockaden spielend abgebaut werden.

Eine Volksschullehrerin nahm sich vor, mit kleineren Grundschülern MAGIC WORDS spielerisch im Unterricht umzusetzen. Statt beispielsweise in Kunst einen Hund oder ein Auto zu malen, können Kinder doch auch Kunstwerke zu den Wörtern DIKTAT, TEST usw. kreieren. Auf diese Weise verbinden sie idealerweise irgendwann das Klassenzimmer oder die Schule selbst mit den verzauberten Wörtern. So könnte man beispielsweise folgende Ideen »säen«: »Stellt euch vor, in einem anderen Land ist das Wort SCHULE der Begriff für ein ganz tolles Eis oder für ein super Computerspiel – wie müßte es dann deiner Meinung nach geschrieben sein?«

Selbstverständlich helfen die MAGIC WORDS auch bei Problemen mit den Klassenkameraden. So können Sie einfach mit Ihrem Kind den Namen der »Streß-Kinder« verzaubern. Denken Sie dabei daran, auch immer den Namen Ihres Kindes zu stärken. Doch auch Schimpf- oder Ärgerwörter, die die Kinder untereinander schnell benutzen, können in ihrer demoralisierenden Weise schnell auf wohltuende Weise verharmlost werden.

Schon viele Eltern haben mir zurückgemeldet, daß sie ihren Kindern mit MAGIC WORDS bei Schulproblemen spielerisch und vor allem mit Spaß auf beiden Seiten helfen konnten.

Körperkraft: Der »innere Smilie«

Schon kleine Babys lieben es, angelächelt zu werden. Sie reagieren ängstlich auf ernst schauende Personen und zeigen sich dann wiederum bei jedem Lächeln offensichtlich erleichtert. Nicht nur Kinder, sondern auch Erwachsene antworten mit starken emotionalen und körperlichen Regungen auf dem Gesichtsausdruck und besonders auf ein Lächeln. Machen Sie hierzu folgenden Test: Bitten Sie eine andere Person, mit Ihnen den O-Ringtest durchzuführen. Dabei decken Sie die nächste Buchseite ab, und schauen Sie nur auf den auf dieser Seite abgebildeten »Smilie«. Während Sie diese Abbildung ansehen, soll der Tester Ihre O-Ringkraft prüfen.

Sie werden feststellen, daß bei diesem Anblick die Muskelkraft spielend hält.

Nun decken Sie die vorige Buchseite ab und lassen den Tester dasselbe Experiment durchführen. Diesmal sieht der »Smilie« ganz anders aus – er ist eigentlich gar keiner.

Die meisten Menschen können bei diesem Anblick den Muskelring nicht kräftig halten. Ganz offensichtlich läßt der Anblick der heruntergezogenen Mundwinkel automatisch und unbewußt die körperliche Energie sinken.

Diesen deutlichen Zusammenhang können Sie vor allem mit Kindern beim Zaubern positiv mit MAGIC WORDS umsetzen: Kinder lieben es, wenn in bestimmte Wörter plötzlich ein lächelnder Smilie hineingeschmuggelt wird.

Gern können auch Sie als erwachsener Leser die Zauberkraft des »inneren Smilie« in Ihre MAGIC WORDS einfließen lassen. Allein die mentale Vorstellung des lächelnden Gesichts in einem Wort kann Ihnen eine spontane Kraftreaktion schenken.

9.
MAGIC WORDS für lernende Erwachsene

Erwachsene stehen sich oft selbst mit der Einstellung im Wege, daß sie schon zu alt dafür wären, sich fortzubilden oder etwas Neues in ihrem Leben zu lernen. Allzu verbreitet ist auch heute noch die völlig falsche Einstellung: »Was Hänschen nicht lernt, lernt Hans nimmermehr.« Schon lange wurde das Gegenteil bewiesen: Bis ins hohe Alter ist das menschliche Gehirn aufnahme- und lernfähig. Um optimal zu funktionieren, liebt unser Gehirn jedoch ständig neue Impulse, Eindrücke und Erlebnisse. Gerade Lerninhalte können dieses Bedürfnis des Gehirns, »benutzt« zu werden, hervorragend befriedigen. Ein Training für die Gehirnfitneß wird in bestimmten Kreisen auch »Gehirnjogging« genannt – ein Begriff, der für sich steht.
MAGIC WORDS kann jedem Erwachsenen helfen, sich neues Wissen zu erobern – egal, für welchen Lebensbereich. So erfüllte sich die fünfundvierzigjährige Inge mit Hilfe von MAGIC WORDS sogar noch einen alten Traum: Sie lernte Klavierspielen. Wir stärkten dafür natürlich die Worte NOTEN und KLAVIER, aber auch das Wort VERSPIELEN. Denn Inge hatte immer Angst, sich zu verspielen. Sie fand eine tolle Zauberlösung:

ver... spie...len

Besonders gut lassen sich auch neue Sportarten wie SURFEN oder SQUASH mit MAGIC WORDS in jedem Alter erobern. Lesen Sie zum Thema Sport auch das nächste Kapitel.

Viele Erwachsene geraten gerade beruflich immer wieder an einen Punkt, wo sie dazulernen müssen. Das gilt sowohl für den Umgang mit COMPUTERN als auch für Fremdsprachen. Vorstellungsgespräche, Prüfungen, Beförderungen oder Verhandlungen um Gehaltserhöhungen können ein ganzes Berufsleben lang immer wieder anstehen. Für solch besondere Situationen schauen Sie noch einmal in das Kapitel über den Umgang mit Nervosität hinein.

Sollten Sie sich einen neuen Stoff, wie beispielsweise eine neue Fremdsprache, erobern müssen, verwandeln Sie natürlich auch hier alle beteiligten Schlüsselwörter in MAGIC WORDS. Bernhard erfuhr beispielsweise von seinem Vorgesetzten, daß er ab jetzt im Rahmen einer Beförderung für das Unternehmen häufiger nach Amerika reisen sollte. Über die Beförderung freute Bernhard sich natürlich sehr, doch reagiert er mit gemischten Gefühlen auf die Aufforderung, sein Englisch wieder möglichst schnell aufzufrischen. »Fremdsprachen haben mir noch nie gelegen.« Als erstes verwandelten wir daraufhin natürlich FREMDSPRACHEN.

Bernhard sah dieses Streßwort in steifer, ordentlicher Druckschrift auf einem imaginären staubigen Behördenpapier. Wir mußten dieses Wort erst einmal mit dem »Duft der großen weiten Welt« umwehen. Entsprechend aufregend und vielversprechend gestaltete Bernhard den Begriff. »Jetzt erlebe ich ein ganz positives Gefühl von Freiheit, wenn ich an FREMD-SPRACHEN nur denke – eine wirklich tolle Veränderung in ganz kurzer Zeit.« Natürlich stärkten wir noch die Wörter ENGLISCH, VOKABELN und GRAMMATIK. Dann mußte Bernhard noch den Namen seiner früheren Englischlehrerin verwandeln: »Die hat mir damals das Englisch richtig vermiest.« Zum Schluß stellt sich Bernhard noch einige neue englische Vokabeln in schönen Formen und Farben vor. »So wirken die Wörter freundlich, und ich kann sie wunderbar behalten.«

Später möchte ich noch ein spezielles Buch zum Thema »MAGIC WORDS für die Wirtschaft und das Berufsleben« schreiben. Dort werde ich dann ausführlich auf Karrierehilfen mit MAGIC WORDS eingehen.

Lassen Sie hier bitte auf sich wirken, daß Sie mit dieser Methode schnell eigene Vorurteile über Ihre persönliche Lernfähigkeit und Flexibilität überwinden können.

10.
MAGIC WORDS für Sportler

Gerade für die verschiedenen Sportarten existieren eine Reihe von spezifischen Begriffen, die sich für die Sportler oft zu Streßwörtern entwickeln können. Hanna, eine Golferin, reagierte mit einer ausgeprägten Schwächereaktion auf das Wort HANDICAP. Viele Tennisspieler erleben beispielsweise BREAK als Streßwort. Fast jeder aktive Sportler muß die Schlüsselwörter WETTKAMPF, REGATTA, MEISTER-SCHAFTEN, SCHIEDSRICHTER oder die Namen der jeweiligen Wettkampforte verzaubern. Natürlich sollten sämtliche Utensilien mit unbewußten Kraftreaktionen verknüpft werden, wie beispielsweise RUDER oder SCHLÄGER. Mannschaftsspieler sollten unbedingt eine ausgeprägte Kraftreaktion auf ihre spezielle Aufgabe zeigen, beispielsweise STÜRMER oder TORWART. Besonders wichtig ist noch die Verzauberung der jeweiligen Konkurrenten, die im Sport ja sogar »Angstgegner« genannt werden, seien es Namen von einzelnen Personen oder Vereinen.

Gerade im Spitzensport kann man mit MAGIC WORDS die entscheidenden Millimeter oder Zehntelsekunden erreichen, die hier über Sieg und Niederlage entscheiden. Jeder weiß heute, daß ein Spitzensportler auch *mental* in Bestform sein muß, um einen Titel zu erreichen oder zu verteidigen. Denn das Training für die körperliche Fitneß gilt im Hochleistungsbereich fast bei jedem Sportler bereits als optimal. Doch auch Sportler unterliegen den in diesem Buch beschriebenen

Schwäche- oder Stärkereaktionen, die in Sekundenschnelle über SIEG oder NIEDERLAGE (ebenfalls wichtige MAGIC WORDS) entscheiden können. Mit der konsequenten Anwendung der MAGIC-WORDS-Methode können Sie als Sportler also sehr schnell und sicher ihre mentalen Blockaden überwinden.

11.
MAGIC WORDS im Umgang mit anderen Menschen

Elke, eine Seminarteilnehmerin, zeigte sich neulich begeistert: »Toll, dann kann ich mit dem O-Ringtest ja auch herauskriegen, ob mein Freund der richtige für mich ist!« Allgemeine Belustigung folgte. Der eine wollte seinen Chef, der nächste die Schwiegermutter auf die allgemeine Verträglichkeit hin testen. Gott sei Dank ist die Sache nicht als ganz so einfach einzustufen. Menschen pflegen die unterschiedlichsten Beziehungen zueinander, die in vielen verschiedenen Formen gelebt werden. So kann beispielsweise eine Frau eine sehr gute Geschäftsbeziehung mit einem Mann haben und ihn dennoch als Liebespartner ablehnen − oder umgekehrt.

Vielleicht ist ein Persönlichkeitsteil von mir genervt von den »gutgemeinten« Ratschlägen meiner Schwiegermutter, aber ein anderer Teil freut sich, daß sie für die Kinder eine so liebe Oma ist. Nicht umsonst heißt es in unserer Umgangssprache, daß wir bei anderen Menschen oft »etwas in Kauf« nehmen müssen.

Hier gilt es, mit dem O-Ringtest sehr differenziert nachzufragen. So testeten wir mit Elke die Wörter BEZIEHUNG und ZUSAMMENZIEHEN. Bei BEZIEHUNG hielt der Ring, was sicher für den Freund spricht. Jedoch ging er bei ZUSAMMEZIEHEN auf. »Das wäre jetzt für mich noch zu früh − jedoch mein Freund drängt immer wieder darauf.« Es müssen bei menschlichen Beziehungen also immer Detailfragen gestellt werden. Sogar nach Tagesform können die Reaktionen auf andere Menschen immer wieder wechseln - Gott sei Dank.

Im allgemeinen kann Ihnen MAGIC WORDS dabei helfen, im Umgang mit anderen Menschen von vornherein gelassen und souverän zu bleiben.

Trainieren Sie Ihre Flexibilität beim Verzaubern von Namen. Setzen Sie sich als Ziel, Namen schon dann auf eine Ihnen angenehme Weise zu codieren, wenn Sie Personen das erste Mal treffen oder Sie jemandem vorgestellt werden. So starten Sie den Kontakt bereits mit einem sicheren Gefühl. Unsere Seminarteilnehmer und wir selbst benötigen keine zwei Sekunden für dieses Verzaubern. Merken Sie sich Ihre persönliche Standardwortstruktur, die am besten hilft: den Namen verkleinern, ihn rechts oder links unten sehen, ihn in bunte Leuchtschrift umsetzen oder den Namen vor dem geistigen Ohr mit einer Mickymaus-Stimme wiederholen.

Lesen Sie nachfolgend, welche einzelnen Punkte Sie beim »Verzaubern« im Zusammenhang mit bestimmten Menschen noch beachten sollten.

Geliebte Menschen

Selbstverständlich hält der O-Ring bei geliebten Menschen in der Regel besonders gut. Denn diese Namen sind schon von Natur aus MAGIC WORDS, wie zigmal in Literatur, Poesie und Liedern dargestellt: »Ihr Name klang wie Musik in seinen Ohren.« Liebende verwenden die Namen des oder der Auserwählten intuitiv als intensive MAGIC-WORD-Meditation. Der Name wird gedacht, aufgeschrieben, vor sich hingesagt oder gar in einen Baum geschnitzt.

In der Einleitung beschrieb ich bereits, daß menschliche Beziehungen sehr vielschichtig sind und sogar nach Tagesform in der Intensität variieren. So gibt es auch mit dem allerliebsten Menschen immer wieder Phasen und Zeiten, wo zwischenmenschliche Probleme die Beziehung überschatten. Sei die Wurzel allen Übels Eifersucht, Ärger oder auch Sorge – der O-Ringtest verrät die momentanen Probleme.

So machte sich die vierzigjährige Ruth in letzter Zeit große Sorgen um ihren zwanzigjährigen Sohn Benjamin, der offensichtlich gerade die sogenannte Sturm- und Drangzeit durchlebte. Er hatte seit einem Jahr eine eigene Wohnung. »Mein Verstand sagt mir, daß ich in dem Alter genauso war. Doch die Sorgen und meine pessimistische Phantasie besiegen· den Verstand. Manchmal kann ich nachts nicht schlafen, weil ich mir solche Sorgen um ihn mache!« Diesen Streß dokumentierte auch der O-Ringtest mit einer deutlichen Muskelschwäche.

Bei der WORTSTRUKTUR-ANALYSE erlebte Ruth eine

Überraschung. Sie sah tatsächlich BENJAMIN in einer baby-
blauen Schrift vor ihrem inneren Auge. »Sie sagten mir, Benjamin sei ein großer, junger, intelligenter Mann, der ›es faust-
dick hinter den Ohren hat‹«, erinnerte ich Ruth. »Diese Schrift
jedoch gibt nichts von diesen Eigenschaften wieder.« Ruth
vergaß wohl unbewußt beim Sorgen-Machen, daß Benjamin
nicht mehr so hilflos wie als Kleinkind war und mittlerweile
über diverse Eigenkräfte verfügte, um sich aus problematischen
Situationen zu befreien oder mit ihnen zurechtkommen zu
können. Sofort machte sie aus BENJAMIN einen Schriftzug,
der an seine Stärke erinnerte. Sie unterlegte den Schriftzug mit
der Filmmusik »Born to be wild«. »Jetzt kann ich auch wirklich
glauben, daß dem Jungen . . . äh, meinem Sohn BENJAMIN
nichts passieren kann.«
Nicole war auf ihren Freund Hartmut oft unbegründet eifer-
süchtig. Sie sah HARTMUT zunächst wie den Namen eines
»Serienhelden« vor ihrem inneren Auge. Kein Wunder, daß Sie
stets befürchtete, sämtliche Frauen würden von ihm ein Auto-
gramm oder gar noch etwas anderes wollen. Doch Hartmut ist
in Wirklichkeit ein völlig unberühmter, eher bescheidener
Mensch, der Nicole offensichtlich sehr liebt. Aber sämtliche
Besänftigungsversuche konnten Nicole von ihren Eifersuchts-
phantasien bisher nicht heilen. Beim Verzaubern legte sie Wert
darauf, daß die Buchstaben keinen aggressiven und starken,
sondern einen lieben und warmherzigen Menschen symboli-
sierten.
Von diesem Tag an konnte sie zu Hartmuts Freude seine
Liebesbeweise ohne Mißtrauen annehmen.
Sollten Sie sich verliebt haben und noch unsicher über Ihre
Wirkung auf diesen auserwählten Menschen haben, verzaubern
Sie auf jeden Fall dessen Namen in ein MAGIC WORD,
welches Offenheit und freundliches Entgegenkommen symbolisiert. Der Name darf auf keinen Fall unerreichbar wirken. Auf
diese Weise bekommen Sie automatisch eine andere, quasi

»gewinnende« Ausstrahlung in der Gegenwart dieser besonderen Person, was natürlich die Chancen auf ein Happy-End erheblich steigert.

Doch auch beim Gegenteil vom Happy-End, dem Liebeskummer, können Sie mit MAGIC WORDS die jetzt schmerzende Wirkung des betreffenden Namens auf ein erträgliches Maß reduzieren.

Ungeliebte Menschen

Roswitha konnte ihre Stiefmutter nicht ausstehen. Doch bei der WORTSTRUKTUR-ANALYSE gab es eine Überraschung: Sie sah den Namen der Stiefmutter, ELISABETH, in einer wirklich wunderschön geschwungenen Sonntagsschrift vor dem geistigen Auge. Jedoch ging der O-Ring trotz dieser angenehmen Ausfertigung spielend auf. »Das ist ja auch genau mein Problem: Immer galt diese Frau als unantastbar; ich durfte nie etwas an ihr kritisieren!« fiel Roswitha ein. »Der Name ist für diese blöde Kuh wirklich zu schön. Ich muß ihr einen Namen machen, der deutlich zeigt, was sie mir immer angetan hat.« Roswitha verwandelte ELISABETH in einen Abdruck eines unansehnlichen Behördenstempels. Roswithas Muskelring zeigte daraufhin eine Bombenkraft bei der »entpersonifizierten« ELISABETH.

Das Gehirn ist ja so klug, daß es weiß, welche Person mit dem Namen codiert ist. Bei ungeliebten Personen registriert es, daß diese Ihnen schaden, und zeigt die Schwächereaktion als Einwand gegen die »schöne Verpackung« eines allzu »aufgeblähten« Namens. In der Regel helfen also bei ungeliebten Personen Verkleinerungen und Verharmlosungen, also alle optischen oder auch akustischen Spielereien, die, bildlich gesprochen, die »Luft aus dem Namen herauslassen«. Dominique setzte dieses Bild wortwörtlich um. Er sieht jetzt im Geist den Namen seines Hausmeisters auf einem großen Luftballon geschrieben. Immer, wenn er diesen jetzt im Flur mit Namen grüßt, piekst er in

Gedanken in den Luftballon. »Herrlich, wie gelassen und souverän ich seitdem in Gegenwart dieses Menschen bin«, freut sich Dominique.

Eltern und Verwandte

Jeder, der mit MAGIC WORDS arbeitet, sollte auf jeden Fall die Namen der wichtigsten Familienmitglieder, also auch ohne einen äußeren Anlaß, stärken. Wörter wie VATER, MUTTER, GROSSVATER oder TANTE sind sehr starke und unbewußte Auslöser sowohl für persönliche Stärken also auch für persönliche Schwächen.

Das bringt einfach Ihre Lebensgeschichte mit sich, die sie tief geprägt hat. Die Verzauberung gibt Ihnen als Erwachsenem die Sicherheit, die psychische Wirkung von kindlichen Kränkungen, Traumata oder Verletzungen im Zusammenhang mit der Ursprungsfamilie aus Ihrer heutigen erwachsenen Wirklichkeit zu verbannen oder doch deutlich zu verringern. Verstärken Sie:

- ELTERN, VATER und MUTTER, persönliche Bezeichnungen wie MUTTI und VATI oder PAPI und MAMI;
- sowohl Vornamen als auch Kosenamen der Eltern;
- in gleicher Weise die der Geschwister;
- ebenso die der Großeltern und Tanten;
- auch Namen von wichtigen Personen, die als Familienmitglieder angesehen wurden – beispielsweise den eines Kindermädchens.

Lesen Sie zu diesem Thema weiter im Kapitel »MAGIC WORDS und Ihre Lebensgeschichte« (vgl. S. 227).

Umgang mit Vorgesetzten und anderen »hochgestellten« Persönlichkeiten

Wie das Wort »hochgestellt« schon verrät, sehen die meisten Menschen Namen solcher Personen vor dem geistigen Auge über sich schweben. Diese Repräsentation wirkt automatisch schwächend. Machen Sie hierzu ein Experiment, indem Sie wieder Ihren O-Ring von einer anderen Person testen lassen. (Bedenken Sie nach wie vor: *Beide* sollten dabei eventuell vorhandene Batterieuhren ablegen.) Blicken Sie dann nach oben, indem Sie nicht den Kopf in den Nacken legen, sondern die Augäpfel leicht nach oben rollen.

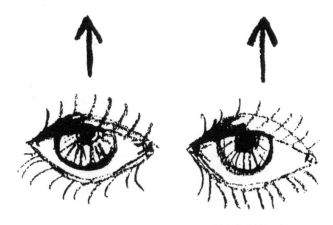

Wenn Sie jetzt den Test durchführen, werden sich Ihre Finger spielend öffnen lassen. Der nach oben gerichtete Blick geht also parallel mit einer allgemeinen Muskelschwächereaktion einher. Sicher ist das der tiefere Grund dafür, daß in Religion oder Staatswesen führende Persönlichkeiten immer von oben nach unten sprechen oder optisch so dargestellt sind. Entsprechend schwach und bedürftig fühlen sich dann die aufblickenden Betrachter.

Sie können sehr wohl respektvoll mit einer hochgestellten

Persönlichkeit umgehen und sich dennoch kraftvoll dabei fühlen dürfen. Die innere Schwächereaktion paßt meiner Meinung nach nicht mehr mit unserer heutigen Auffassung von Menschenwürde zusammen. Gewöhnen Sie sich daran, entsprechende Namen immer auf Augenhöhe oder unter Augenhöhe zu sehen. Auf der akustischen Ebene sollte der Namensklang nicht wie bei einem Übergott hallend den Raum füllen, sondern vielleicht sachlich aus einem imaginären Radio klingen, das man im Zweifelsfall ja auch leiser stellen kann. Natürlich können Sie darüber hinaus auch hier alle anderen Zaubereien einsetzen, die Ihnen bisher schon geholfen haben. So verwandelt Erika diese Namenssorte immer in Schaumgummibuchstaben, die »man dann schön knautschen kann«.

Folgende Personen werden oft als »hochgestellt« empfunden:

- der Chef oder sonstige Vorgesetzte,
- behandelnde Ärzte,
- Lehrer (von sich selbst oder Lehrer Ihrer Kinder),
- Träger akademischer Titel (z. B. »Professor«),
- Inhaber respekteinflößender Ämter (z. B. »Inspektor«),
- oft und nach wie vor – die eigenen Eltern.

Übrigens fühlen sich viele dieser Leute oft gar nicht so wohl, wenn Sie von anderen automatisch auf ein Podest gehoben werden. Auf jeden Fall wird MAGIC WORDS Sie zuverlässig daran erinnern, daß das besagte Gegenüber »auch nur ein Mensch ist«.

12.
MAGIC WORDS und ihre Lebensgeschichte

Unbewußt hat jeder Mensch seine Lebensgeschichte wie eine imaginäre Strecke abgespeichert. Nicht von ungefähr wird da auch oft vom sogenannten »Lebensweg« gesprochen. Wenn wir sagen: »Ach, das waren schöne Zeiten«, so haben wir auch eine unbewußte Vorstellung von dieser Lebensstrecke, die mit der Aussage »schöne Zeiten« übereinstimmt. Der eine denkt da farbig, der nächste hat diese Zeit lichtdurchflutet abgespeichert, und wieder ein anderer nimmt diese Phase innerlich extra langgezogen oder auf einer Anhöhe wahr. Schließlich reden wir ja auch von »Höhepunkten« im Leben.

Jeder Mensch hat jedoch auch »dunkle Punkte« in seiner Lebensgeschichte, also »schwere Zeiten«, wo man »tief unten« war oder »nicht über einen Berg gekommen« ist. Obwohl diese »dunklen Zeiten« der Vergangenheit angehören, beeinflussen sie auch noch in der Gegenwart unser Leben. Sie bergen sogar die Gefahr in sich, auch noch unsere Zukunft zu diktieren, wenn es uns nicht gelingt, dieses Erlebnismaterial zu verarbeiten und dann mit dem Vermerk »erledigt« in die Seelenablage zu geben.

Was aber kann man tun, damit ehemalige dunkle Punkte sich in der Zukunft nicht in Stolpersteine verwandeln? Schon immer haben die Weisen aller Kulturen den Menschen beigebracht, daß wir schwere Zeiten auch in Erfahrungsschätze ummünzen können. Eugen Roth hat hierzu folgenden tiefsinnigen Vers gedichtet: »Ein Mensch bleibt steh'n und schaut zurück/und sieht: sein Unglück war sein Glück!« Tatsächlich gibt es keine noch so verfahrene Lebenssituation, aus der nicht irgendeine nützliche Erfahrung entsprungen wäre. Selbstverständlich kann MAGIC WORDS weder bei aktuellen noch bei vergangenen Lebenskrisen eine Psychotherapie ersetzen. Doch ermöglicht diese Methode vielen Klienten die Überwindung, über ihre negativen Erlebnisse überhaupt erst einmal zu sprechen, um sie dann als weiteren Schritt verarbeiten zu können. Wir haben diese Interventionen mit ermutigenden Ergebnissen auch bei schwerwiegenden Traumata eingesetzt:

- sexueller Mißbrauch in der Kindheit;
- frühkindliche Störungen, an die Klienten sich in Worten oder Bildern nicht erinnern können;
- gravierende Erinnerungslücken in der Lebensgeschichte;
- Verlust oder Trennung von wichtigen Bezugspersonen;
- Kränkungen, Mißerfolge und Schicksalsschläge.

Bitte arbeiten Sie auch mit Ihrer Lebensgeschichte, wenn Ihrer Meinung nach alles nicht *so* schlimm war. Es gibt Menschen, die haben bis heute auf unbewußter Ebene noch nicht den ungerechten Lehrer, die Verschickung ins Kinderheim oder das Verlassenheitsgefühl bei der Geburt eines Geschwisterchens verkraftet. Lassen Sie Ihren Körper bestimmen, wo Ihre persönliche Geschichte gestärkt werden muß.

»Schwache« Lebensjahre stärken

Setzen Sie sich mit Ihrem MAGIC-WORDS-Teampartner zusammen, um Ihr Leben durchzutesten. Der Vorgang ist denkbar einfach. Sie sagen nacheinander von Null aufwärts alle fortlaufenden ZAHLEN DER LEBENSJAHRE auf. Bei jeder Zahl wird Ihr O-Muskelring getestet. Da Sie vorhaben, Ihre Lebensgeschichte zu analysieren, weiß Ihr Gehirn automatisch, daß mit den gesagten ZAHLEN DER LEBENSJAHRE gemeint sind. Sie werden feststellen, daß die Muskelkraft mit deutlichen Unterschieden bei den einzelnen Zahlen anspricht. Notieren Sie sich zusammen mit dem Tester die »schwachen« Zahlen. Schreiben Sie diese untereinander auf ein Blatt Papier oder in ein Notizheft. Bemühen Sie sich zunächst nicht um eine Interpretation, sondern sammeln Sie nur das entsprechende »Datenmaterial«. Testen Sie beim ersten Durchgang bis zur Zwanzig und schließen einen weiteren Durchgang später an. Zur Absicherung testen Sie mit Ihrem Testpartner die schwachen Jahre vielleicht noch einmal nach.

Jetzt schreiben Sie neben die »schwachen« Jahreszahlen stichwortartig Erinnerungen und Vermutungen über die lebensgeschichtlichen Zusammenhänge hinsichtlich dieser Kräftereaktion. Was war in diesem Jahr? Gab es eine Veränderung im Leben, etwa einen Umzug? Waren da andere belastende Ereignisse? Vielleicht waren Sie krank oder hatten einen Unfall?

Denken Sie jetzt an die erste »schwache« Lebensjahrzahl. Sehen Sie diese Zahl vor dem geistigen Auge. Machen Sie, wie Ihnen

schon vertraut, eine WORTSTRUKTUR- oder in diesem Fall
»ZAHLENSTRUKTUR«-ANALYSE. Wie sieht die Zahl aus?
Groß oder klein? Farbig oder schwarzweiß? Und so weiter.
Jetzt denken Sie an ein Lebensjahr, das Sie in besonders guter
Erinnerung haben, bei der auch der Muskelring fest hielt.
Führen Sie auch hier die ZAHLENSTRUKTUR-ANALYSE
durch. Beachten Sie selbst die kleinsten Abweichungen. Maren
stellte einen ganz deutlichen Unterschied fest: Schöne Lebensjahre hatte sie von der Tendenz her farbig auf hell, schwere Jahre
hingegen weiß auf dunkel »abgespeichert«.

Stärke-Reaktion  Schwäche-Reaktion

Die Vierzehn war eine entsprechend negative Lebensjahrzahl.
Ich bat Maren, diese Zahl jetzt im Rahmen des Lebensweges,
also der innerlich gedachten Lebensstrecke, farbig auf weiß
abzubilden. »Ich kann's nicht erklären, aber das ist ein unbeschreiblich erleichterndes Gefühl«, freute sich Maren. Nach
dieser Sitzung begann Maren plötzlich spielend abzunehmen.
»Das ist mir vorher bei keiner Diät gelungen. Mit vierzehn
nahm ich auch so zu. Ich war furchtbar unglücklich. Heute
weiß ich, daß zu diesem Zeitpunkt die Ehekrise meiner Eltern
begann.«
Das Gehirn hat unseren Lebensweg also entsprechend unserer
Erlebnisse codiert. Es merkt sich keine neutralen Lebensjahre,
sondern kann parallel zur Lebensjahrzahl ein umfassendes Gefühl der damaligen Lebensatmosphäre heraufbeschwören. Diese
individuelle Codierung finden wir in der Repräsentation dieser
Lebensjahrzahlen wieder.

Verändern auch Sie jetzt nach und nach Ihre vormals »schwachen« Lebensjahrzahlen und finden Sie Ihre »Magic Years« heraus. Lassen Sie vom Tester wieder die Zauberwirkung der Veränderung überprüfen. Malen Sie diese magischen Zahlen auch auf. Maren entwarf über die ganze Zimmerwand ein langgestrecktes Plakat mit wunderschönen Entwürfen der aufeinanderfolgenden Lebensjahrzahlen. »Immer wenn ich draufschaue, scheint in mir etwas zu heilen.«

Eine ähnliche Veränderung in der inneren Repräsentation auf unbewußter Ebene ergibt sich auch bei den Menschen, die ein vergangenes Unglück plötzlich als Glück begreifen, wie Eugen Roth es beschreibt. Das Glas des Lebensjahres scheint nicht mehr halb leer, sondern halb voll zu sein. Mit MAGIC WORDS benutzen Sie in diesem Fall Ihr Gehirn gezielt über Ihre subjektive Wahrnehmung für die Veränderung der Lebensgeschichte. Die Ereignisse werden so natürlich rein historisch nicht verändert oder gar ungeschehen gemacht werden können, wohl aber deren Wirkung auf Ihr Schicksal, Ihre Zukunft und Ihr Lebensglück vermag neu definiert werden.

Lassen Sie sich gern für die Verzauberung der einzelnen Lebensjahre Zeit. In jedem Jahr hat das Leben Ihr Denken und Ihre Persönlichkeit geprägt. Erleben Sie nun intensiv die »Neuprägung« Ihrer persönlichen Geschichte. Diese »Neuprägung« verläuft auf einer tiefen, unbewußten Ebene. Sie selbst spüren nur einen subjektiven Kraftzuwachs, da es keine Lebensgeschichtenlöcher mehr gibt, die Ihre wertvolle Energie schlukken könnten. Vor allem Traumata bei der Geburt oder in den ersten drei Lebensjahren, an die man sich nicht mehr erinnern kann, können auf diese Weise positiv beeinflußt werden.

Die »innere Familie« heilen

Weiter vorn erwähnte ich schon, daß Sie grundsätzlich auch die Namen und Bezeichnungen von Familienangehörigen und Verwandten zu MAGIC WORDS verwandeln sollten. In den ersten Jahren Ihrer Lebensgeschichte hat Ihre Ursprungsfamilie Sie geprägt. Jeder Mensch lernt das Zusammenspiel der Familienmitglieder und deren Verhältnis zueinander in der Kindheit wie ein Theaterstück auswendig. Als erwachsener Mensch nehmen Sie dann nicht nur die eigene Rolle aus der Kindheit, sondern das ganze »Theaterstück« mit ins Leben. Ohne daß Sie es aber wissen, beherrschen Sie auf tief unbewußter Ebene *alle Rollen* der ursprünglichen »Familienaufführung«.

Die Dynamik dieses Familienstückes prägt dann auch heute noch Ihr Leben in wichtigen Aspekten. Wir hatten einen Klienten, Holger, der als Kind gegen den Willen der Eltern mit Hilfe seiner Lehrer aufs Gymnasium kam. Ganz aus eigener Kraft schaffte er auch sein Studium. Heute jedoch läuft er nur zu Höchstleistungen auf, wenn von außen irgendein unangenehmer Widerstand, der die Rolle seiner Eltern »imitiert«, seine Arbeit bedroht. Das müssen dann gar keine Personen sein, sondern der berufliche Einsatz in einem gefährlichen Krisengebiet beispielsweise vermag dies auch. Er kennt eben kein »Stück«, das eine Leistungsrolle ohne Widrigkeiten und Steine im Weg vorgesehen hat.

In einem guten Theaterstück kennen die Schauspieler auch die Rollen der anderen Darsteller auswendig. Vielleicht wunderten auch Sie sich schon darüber, was so »in den Menschen stecken« kann und dabei »rauskommt«. In bestimmten Situationen »rutschen« wir nämlich ganz einfach in alle möglichen Rollen unseres Familientheaterstücks herein. So kann ein ehemals schüchterner junger Mann plötzlich ein autoritärer Vorgesetzter werden oder das ehemals freche Mädchen eine »kuschende« Ehefrau – soweit diese Rollen besetzt werden müssen und kein anderer es tut. Sogar der Körper neigt dazu, diese Stücke aufzuführen: Reagierte früher die Familie »allergisch« und mißtrauisch auf völlig harmlose fremde Menschen, so reagiert heute das Immunsystem beim Heuschnupfen allergisch auf völlig harmlose Pollen.

Wenn Sie sich an eine besonders spannungsgeladene Familienatmosphäre in Ihrer Kindheit erinnern, notieren Sie sich *alle* NAMEN DER FAMILIENMITGLIEDER, die diese Situation mitprägten. Dabei muß es Ihnen selbst in der damaligen Situation noch nicht einmal persönlich schlecht gegangen sein. So wurde Anneliese beispielsweise schon dadurch ungünstig beeinflußt, daß sich früher Mutter und Schwiegermutter ewig in der Wolle hatten, während der Vater hilflos zusah. Als Erwachsener lief sie wegen des »gespeicherten Stücks« dann Gefahr, in die Opferrolle der Hilflosen zu rutschen, wenn irgendwo ein egoistischer Mensch – wie damals die Schwiegermutter – auftauchte. Anneliese hatte ja durch die Eltern kein brauchbares Modell dafür vorgelebt bekommen, wie man sich gegen Übergriffe anderer Menschen wirkungsvoll schützt.

Keiner aber hat es nötig, das ursprüngliche Familienstück als Teil des eigenen Nervensystems, also des Gehirns, ein Leben lang mit sich herumzutragen. Sie können lernen, »Ihr« Stück zu einem Energiespender mit Happy-End »umzuschreiben«. Eine ausführliche und sehr wirkungsvolle Methode, das *Reimprinting-Verfahren*, finden Sie in unserem Buch *Du mußt nicht bleiben, wie Du bist* beschrieben.

Mit MAGIC WORDS können Sie Ihrer »inneren«, also der im

Gehirn gespeicherten Familie schon dadurch einen Heilimpuls geben, indem Sie alle beteiligten Namen und Bezeichnungen der Menschen von damals zu Kraftquellen verzaubern. Beachten Sie dabei noch einmal die Hinweise im Kapitel »Eltern und Verwandte« (vgl. S. 224)

Umgang mit Erinnerungslücken in der Lebensgeschichte

Stefan konnte sich erst ab dem zehnten Lebensjahr an seine Kindheit erinnern. Die Zeit vorher »lag völlig im Dunkeln«, wie er es beschrieb. In solchen Fällen ist es schwierig, problematische Kindheitsereignisse im Rahmen einer Psychotherapie aufzuarbeiten. Heute wissen wir, daß die sogenannte »Verdrängung« eine wichtige Schutzfunktion des Gehirns für unser seelisches Gleichgewicht darstellt. Daher legen viele Psychotherapeuten heute gar nicht mehr so viel Wert auf das Erinnern und das qualvolle Herumstochern im »seelischen Müll«. Es gibt tiefgreifende Veränderungstechniken, die den Menschen davor schützen, sein Drama nochmals durchleben zu müssen. Besonders seien hier die klinische Hypnose nach Milton Erickson und die Interventionen des Neurolinguistischen Programmierens erwähnt.

Mit Stefan erarbeitete ich eine Mischung zwischen den beiden Vorgehensweisen, »schwache Lebensjahre stärken« und »innere Familie heilen«. Zunächst testeten wir seine Lebensjahrzahlen. Bei der Fünf gab es eine starke Schwächereaktion. »Das muß die Zeit gewesen sein, als meine Mutter ins Krankenhaus kam. Das weiß ich aber nur von anderen; ich selbst kann mich wirklich an gar nichts erinnern.« »Wer waren damals die nächsten Familienmitglieder?« fragte ich. Wir notierten:

- MUTTER,
- VATER,
- OMA,
- BERND (älterer Bruder),
- EDITH (die ältere Schwester),

Beim Test reagierte Stefan mit Schwäche auf MUTTER und die Namen der beiden Geschwister. »Das scheint mir wirklich nicht plausibel; ich habe auch heute noch ein wirklich gutes Verhältnis zu Bernd und Edith«, wunderte sich Stefan. »Aber das mit meiner Mutter ist schon erklärlich; sie ist ja auch einige Monate später gestorben.« Wir führten MAGIC WORDS genau wie schon bekannt durch. Da Stefan bewußt keine Erinnerungen an damalige Probleme mit seinen Geschwistern hatte, waren wir beim Verzaubern auf bloßes Experimentieren angewiesen. Wir versuchten mehrere Veränderungsmöglichkeiten, die in einer Wortstruktur möglich sind. Bei BERND halfen keine Farben und Formen, sondern nur »Chinesisch« schien etwas zu bewegen.

B

E

R

N

D

Als Stefan den »Chinesischtrick« auch auf EDITH übertragen wollte, blieb der erwünschte Effekt aus. Die Muskelschwäche hielt an. Jedoch half die Spiegelschrift:

HLIDƎ

Dann veränderten wir noch MUTTER. Eine Woche später berichtete Stefan über intensive Träume, die offensichtlich etwas mit seiner Kindheit zu tun hatten. Zwei Wochen danach konnte er sich plötzlich deutlich und mit einem guten Gefühl an seine Mutter erinnern:»Ich sehe sie lachen und mit uns am Küchentisch sitzen; da muß sie noch gesund gewesen sein!« Dann tauchten Erinnerungen an die beiden älteren Geschwister zur damaligen Zeit auf.»Wir Kinder waren damals anscheinend öfter allein in der Wohnung. Die beiden sollten wohl auf mich aufpassen, während mein Vater auf der Arbeit war. Ich erinnere mich deutlich, daß Bernd und Edith zusammen spielten und mich nicht dabeihaben wollten. Sie sind genervt von mir und schicken mich irgendwie aus dem Zimmer. Ich bin furchtbar verzweifelt deswegen.«

Da Stefan heute noch besonders zur Schwester ein gutes Verhältnis hat, konnte er sie gleich zu den wieder aufgetauchten Erinnerungen befragen.»Sie konnte alles bestätigen«, sagte er. Edith war damals dreizehn Jahre, der Bruder vierzehn Jahre alt gewesen. »Die beiden litten selbst unter der Situation, vermißten wie ich die Mutter. Sie paßten zwar auf mich auf, fühlten sich aber oft überfordert. Ich hing besonders Edith ständig am Rockzipfel, sah sie wohl als Mutterersatz an. Doch waren die beiden selbst noch zu jung, um die Situation auffangen zu können. Dieser Zustand verlief – wie gesagt – über viele Monate. Kein Wunder, daß mich diese Zeit geprägt hat.« Nach dem Gespräch mit der Schwester tauchten mehr und mehr Erinnerungen auf: die Einschulung, die Grundschullehrerin, der spätere Einzug der Stiefmutter. »Ich habe noch heute ein gutes Verhältnis zu ihr. Jedoch konnte ich mich jahrelang nicht an ihr Auftauchen bei uns erinnern.« Stefan kann sich heute in vielen Situationen besser konzentrieren. Er fühlt sich insgesamt glücklicher und leistungsfähiger. »Ich empfinde die Ereignisse in mir als ein großes, befreiendes Aha-Erlebnis.« Die Gehirnenergie, welche zuvor die Verdrängung organisieren mußte, ist jetzt frei geworden.

Sie können dieses Verfahren auch gut für ganz frühe Lebensjahrschwächen einsetzen. Natürlich tauchen dann keine Erinnerungen beispielsweise zum ersten Lebensjahr auf, aber Sie werden ein neues Gefühl innerer Geborgenheit und Selbstsicherheit erleben, welches bei den meisten Menschen in diesen entscheidenden ersten Jahren eigentlich als Basis für ihr späteres Leben aufgebaut werden sollte. *Stärken Sie in jedem Fall auch hier das ICH und Ihre Namensbezeichnungen.*

Sollte sogar die NULL eine Schwächereaktion ergeben, stärken Sie noch folgende Wörter:

- GEBURT,
- SCHWANGER und SCHWANGERSCHAFT,
- KRANKENHAUS.

Da Ihr Gehirn in komplexen Modulprogrammen denkt und arbeitet, kann es die neuen MAGIC WORDS direkt den zunächst nur als ungutes Gefühl gespeicherten frühen Erinnerungen zuordnen. Auf diese Weise wird dann Ihre frühkindliche Gefühlswelt bereichert und positiv verzaubert.

13.
MAGIC WORDS und
Zukunftsgestaltung

Bereichern Sie mit MAGIC WORDS schon heute mit der inneren Einstellung Ihre zukünftige Lebensqualität. Wir sind in unserer täglichen Arbeit immer wieder entsetzt darüber, welche unbewußt negativen Vorstellungen die meisten Menschen bezüglich des Alters haben. Sie sehen Ihren inneren Lebensweg meist ab dem sechzigsten Lebensjahr schon in eine Dunkelheit verlaufen, obwohl die meisten Menschen bei guter Gesundheit heute spielend über achtzig Jahre alt werden können. Da werden unbewußt über zwanzig Jahre des kostbaren Lebens in ein trauriges Grau gekleidet. Kein Wunder, daß viele Menschen dann im Alter tatsächlich vor einem zumindest seelischen Nichts stehen – sie haben sich quasi selbst jahrelang auf dieses Loch hinprogrammiert!

Etliche Personen setzen sich das »Aus« schon auf die Jahresmarke fünfzig – oder gar vierzig. Da existieren einschränkende Vorstellungen wie: »Ab vierzig kriegt eine Frau keinen Mann mehr.« Oder: »Mit fünfzig gehöre ich zum alten Eisen.« Sicherlich werden diese traurigen Prognosen von der Gesellschaft selbst gestellt, jedoch ist das um so mehr ein Grund dafür, sich gegen ein solches Zukunftsdiktat zu wehren. Zumindest unsere Gesellschaft wird sich schon in vergleichsweise kurzer Zeit keinen übertriebenen Jugendwahn mehr leisten können, da es immer weniger junge und mehr und mehr ältere Menschen geben wird. Mit dieser neuen Struktur kann unsere Gesellschaft auf gar keinen Fall auf die Kraft der »Alten« verzichten.

Nicht nur von der Nennung der Wörter her sind in unserer Gesellschaft beispielsweise TOD und STERBEN tabu. Viele Menschen versuchen unbewußt, diese Phänomene aus dem Leben wegzudenken. Vielleicht radieren Sie deshalb aus Versehen zwanzig und mehr Jahre auf Ihrem unbewußten Lebensweg aus – nach dem Motto: Wer nicht ans Alter denkt, muß sich auch nicht mit dem Tod beschäftigen. Da kann man gleich auf Bandlers zutreffende Bemerkung zurückgreifen:»Ich habe herausgefunden, daß das Leben die Ursache für den Tod ist, und zu leben führt zu großen Schwierigkeiten.« Den Tod verdrängen heißt parallel, die Lebensqualität zu mindern. Bestimmt ist das der tiefere Grund dafür, daß sich alle Religionen bewußt mit dem Phänomen Tod auseinandersetzen – diese Auseinandersetzung führt einfach zu mehr bewußter Lebendigkeit. TOD und STERBEN sind als MAGIC WORDS äußerst wertvoll, um die Zukunft hell, reich und positiv zu gestalten. Jeder Mensch sollte schon früh kraftvolle, bunte und positive Vorstellungen mit dem Alter verbinden, um seine seelische und körperliche Gesundheit bis ins hohe Alter zu garantieren. Selbstverständlich weiß keiner, was *tatsächlich* später geschieht, jedoch sollte die Einstellung unbedingt lebensbejahend sein. Sie haben jetzt das Buch fast bis zum Ende gelesen und haben die MAGIC-WORDS-Methode gründlich kennengelernt. Bereichern Sie Ihren Lebensweg, indem Sie noch folgende wichtigen Wörter in MAGIC WORDS verwandeln:

- ALTER,
- ZUKUNFT,
- LEBEN.

Zaubern Sie sich eine positive, gesunde, kraftvolle und lange Zukunft.

Anhang

1. Der MAGIC-WORDS-Fragebogen

Hier finden Sie den Fragebogen, mit dem auch Sie die Wirkung Ihrer MAGIC WORDS über eine längere Zeit beobachten können. Kopieren Sie ihn sich einfach ab. Der wichtigste Teil ist hier die Skala, auf der Sie das Ausmaß Ihrer Störungen und Erfolge eintragen können. Gemessen wird die jeweils subjektive Beeinträchtigung Ihrer Lebensqualität durch das Problem, von dem Sie ausgehen. Legen Sie bitte pro Wort jeweils einen neuen Bogen an.

Das Problem könnte beispielsweise sein: Angst vor der FAHRPRÜFUNG. Dann machen Sie sich eine Streßwortliste. Sie füllen den ersten Bogen für das Wort FAHRPRÜFUNG, die nächsten dann für AUTO, FÜHRERSCHEIN usw. aus.

Die jeweiligen Skalenbereiche sind so zu verstehen:

- -10: Die Beeinträchtigung ist so schlimm, daß mein ganzes Leben verdorben ist.
- 0: Ich habe ein neutrales Gefühl zum Führerschein.
- +10: Ich finde den Führerschein so toll, daß ich von morgens bis abends nur noch am Steuer sitzen möchte.

Sollten Sie mit einem so schlimmen Wort wie KREBS arbeiten, sind die jeweiligen Punkte so aufzufassen:

- -10: Mein ganzes Leben ist davon negativ beeinträchtigt.
- 0: KREBS ist für mein subjektives Erleben jetzt ein

- neutrales Phänomen. Alles ist für mich vorstellbar: Die Gesundheit kann sich sowohl zum Schlechten als auch zum Guten wenden.
- +10: Ich fühle mich dem KREBS derartig überlegen, daß ich hundertprozentig weiß: Ich und/oder mein Körper werden immer gewinnen!

Die offenen Fragen auf der Liste sind nicht als Test, sondern als offene Befragung zu verstehen. Beantworten Sie diese Fragen nach einem Ablauf von drei Monaten. Ich würde mich sehr freuen, wenn Sie mir vielleicht sogar eine Kopie Ihres Fragebogens schicken oder mir auch ansonsten Ihre Erfahrungen mit MAGIC WORDS berichten würden.
Viel Erfolg!

MAGIC WORDS

Klientencode:
Testercode:

in Therapie: ja/nein

Datum: _____

Wort/ . . . .
Begriff/ . . . .

Kurzbeschreibung des Problemthemas

Problemversion/
Ressourceversion

V   _____
A.   _____
G/O   _____
K(u.U.) _____

. . . .
. . . .

Bitte kreuzen Sie hier die subjektive **Auswirkung** dieses Themas hinsichtlich
Ihrer Lebensqualität an:

sehr schlimm	neutral	stärkste *positive* Auswirkung
vor Intervention		
nach Intervention		
-10	0	+10

Zwei Wochen später

sehr schlimm	neutral	stärkste *positive* Auswirkung
-10	0	+10
Datum:	Omura-Test:	

Drei Monate später:

sehr schlimm	neutral	stärkste *positive* Auswirkung
-10	0	+10
Datum:	Omura-Test:	

Bitte beantworten Sie hier noch einige Fragen zu Ihrem Erlebnis mit MAGIC WORDS. Ihre Antwort kreuzen Sie bitte zwischen den Zahlen - 2 und + 2 an. Sehen Sie hier, was die einzelne Antwort aussagt:

STIMMT ABSO- LUT NICHT	EHER NICHT	KANN ICH NICHT SAGEN	EHER JA	ABSO- LUT RICHTIG
- 2	- 1	0	+ 1	+ 2

Ich konnte mir das Wort von An- -2 -1 0 +1 +2
fang an ohne Übung merken.

Ich empfand die Intervention als -2 -1 0 +1 +2
anstrengend.

Können Ihrer Meinung nach auch -2 -1 0 +1 +2
Nichttherapeuten diese Technik
nach einer Einweisung untereinander nutzen (z. B. Eltern und
Kinder, Kollegen, Eheleute)? -2 -1 0 +1 +2

Als Selbsthilfe ist diese Technik -2 -1 0 +1 +2
sicher nur schwer einsetzbar.

Ich bin von der Wirksamkeit po- -2 -1 0 +1 +2
sitiv überrascht.

MAGIC WORDS hat mir bei -2 -1 0 +1 +2
diesem Problem mehr geholfen
als andere Methoden, die ich bisher ausprobierte.

Im akuten Problemfall ist diese -2 -1 0 +1 +2
Methode zu umständlich.

2. Kontakt zur Autorin

Cora Besser-Siegmund freut sich über Ihr weiteres Interesse an der Arbeit ihres Instituts. Hier erhalten Sie nähere Informationen:

BESSER-SIEGMUND-INSTITUT
Mönckebergstrasse 11, 20095 Hamburg
Tel: 040-32004936, Fax: 040-32004937
www.besser-siegmund.de

Das Besser-Siegmund-Institut ist zentral in der Hamburger Innenstadt gelegen. Hier finden die NLP- und wingwave-fundierten Coachings statt. Die Autorin und ihr Ehemann Harry Siegmund sind NLP-Lehrtrainer (DVNLP) und ECA-Lehrtrainer (European Coaching Association). Das Besser-Siegmund-Institut ist als ECA-Ausbildungsinstitut anerkannt.
E-Mail: info@besser-siegmund.de

Weitere Veranstaltungen des Besser-Siegmund Instituts:

→ Kombinierte Ausbildung zum **NLP-Practitioner** und **wingwave-Coach** sowie Ausbildungen zum **NLP-Master** und **NLP-Coach (DVNLP)**. Alle Informationen zu aktuellen Ausbildungen finden Sie auf unserer Homepage www.besser-siegmund.de

→ Maßgeschneiderte *Magic Words*-Seminare können Sie buchen für folgende Zielgruppen und Themen:
 - *Magic Words* für Führungskräfte
 - mit *Magic Words* Lernen lernen
 - *Magic Words* für Sportler
 - *Magic Words* für die Eigenmotivation
 - *Magic Words* und Gesundheit

→ Ausbildung zum wingwave-Coach: www.wingwave.com

→ Imaginative Familienaufstellung mit der wingwave-Methode: www.wingwave.com

→ Ausbildung zum Easy-Weight-Kursleiter: www.easy-weight.de

wingwave-Homepage:
Umfangreiche Informationen zum Thema wingwave finden Sie unter www.wingwave.com. Hier finden Sie ebenso **Ihren wingwave-Coach in Ihrer Nähe** sowie **Veranstaltungstermine** und weitere **Ausbildungsmöglichkeiten** zum **wingwave-Coach**.

**wingwave-Bücher von
Cora Besser-Siegmund & Harry Siegmund:**

wingwave-Grundlagenbuch:
„EMDR im Coaching. Wingwave – wie der Flügelschlag eines Schmetterlings", Junfermann, Paderborn 2001.

wingwave-Praxisbuch mit vielen Einsatzbeispielen von wingwave-Coaching in den Bereichen Sportcoaching, der Medizin und dem Leistungscoaching:

„Erfolge bewegen – Emotions- und Leistungscoaching mit der wingwave-Methode", Junfermann, Paderborn 2003.

wingwave-Vertiefungsthemen:

„Sicheres Auftreten mit wingwave-Coaching" (mit Marie-Luise Dierks), Junfermann, Paderborn 2007.

„Imaginative Familienaufstellungen mit der wingwave Methode – die innere Familie heilen", Junfermann, Paderborn 2004.

Die wingwave-CDs
zur Unterstützung mentaler Selbstregulation durch bilateral-auditive Hemisphären-Stimulation: Sie helfen, den Leistungsstress zu reduzieren und unterstützen kreative Prozesse. Die wingwave-Coaching-CDs sind über das Besser-Siegmund-Institut zu beziehen.

Die wingwave-DVD
mit verschiedenen mitgeschnittenen Falldemonstrationen ist zu beziehen über:
Boehm Molnar, Uwe Böhm, Kissinger Weg 11, 59067 Hamm,
Tel. 02381-445 012, uweb@nlp-megastore.de

Nützliche Adressen:

Adressen von NLP-Coaches und -Trainern:
DVNLP e.V., Lindenstraße 19, 10969 Berlin, Tel.: 030-2593920, Fax: 030-2593921, dvnlp@dvnlp.de, www.dvnlp.de

Adressen von NLP-TherapeutInnen:
Deutsche Gesellschaft für Neuro-Linguistische Psychotherapie e.V., (DG-NLPt), info@dg-nlpt.de, www.dg-nlpt.de

Literatur

Anochin, P.K.: *Beiträge zur allgemeinen Theorie des funktionellen Systems*, VEB Gustav Fischer Verlag, Jena 1978.

Besser-Siegmund, C. & Siegmund, H.: *EMDR im Coaching. Wingwave – wie der Flügelschlag eines Schmetterlings*, Junfermann, Paderborn 2001.

Besser-Siegmund, C. & Siegmund, H. (Hrsg.): *Erfolge bewegen – Coach Limbic*, Junfermann, Paderborn 2003.

Besser-Siegmund, C.: *Easy Weight – Der mentale Weg zum natürlichen Schlanksein*, Junfermann, Paderborn 2002.

Besser-Siegmund, C.: *Sanfte Schmerztherapie mit mentalen Methoden*, erhältlich als e-book unter www.active-books.de.

Besser-Siegmund, C. & Siegmund, H.: *Denk dich nach vorn*, ECON, Düsseldorf 1993.

Diamond, J.: *Der Körper lügt nicht*, VAK, Freiburg 1991.

Eliade, M.: *Das Mysterium der Wiedergeburt*, Insel, Frankfurt 1988.

Gazzangia, M.S.: *Das erkennnende Gehirn*, Junfermann, Paderborn 1989.

GEO-Wissen „*Intelligenz und Bewusstsein*", Heft Nr. 3, 1992.

Hoffmann, A.: *LSD – mein Sorgenkind*, Klett-Cotta, Stuttgart, 1979.

Hooper, J. & Teresi,D.: *Das Drei-Pfund-Universum*, ECON, Düsseldorf 1988.

Johnsen, G.: *In den Palästen der Erinnerung*, Droemer Knaur, München 1991.

Kishon, E.: *Essen ist meine Lieblingsspeise*, Langen Müller, München, Berlin, 1992.

Korzybsky, A.: *Science and Sanity: An Introduction to Non-Aristotelian Systems and General Semantics*, The International Non-Aristotelian Library, Lakeview, 1958.

Läng, H.: *Kulturgeschichte der Indianer Nordamerikas*, Lamuv, Göttingen 1989.

Lerl, S. & Fischer, B.: *Selber Denken macht fit*, Vless, Ebersberg o.j.

Ludwig, P.H.: *Sich selbst erfüllende Prophezeiungen im Alltagsleben*, VAP, Stuttgart 1991.

MPG-Spiegel: *Wie die Nervenzelle den Schmerz erlernt*, Ausgabe 1/1991.

Naccache, L.; Gaillard, R.L.; Adam, C.; Hasboun, D.; Clemenceau, S.; Baulac, M.; Dehaene, S.; Cohen, L.A.: *Direct intracranial record of emotions evoked by subliminal words*. PNAS 2005; 102: 7713–7717.

Omura, Y. (Hrsg.): *Acupuncture & Electro-Therapeutics Research*, Pergamon Press, Vol. 12, 2, S. 139-170.

Ornstein, R.: *Multimind*, Junfermann, Paderborn 1990.

Saum-Aldehoff, T.: *Wie das Gehirn die Welt konstruiert*, Psychologie heute, Heft Nr. 1, 1993.

Satir, V.: *Kommunikation, Selbstwert, Kongruenz*, Junfermann, Paderborn 1990.

Shakespeare, W.: *Othello*, Reclam, Stuttgart, Band 9830.

Spitzer, M.: *Aufhören, wenn's am schönsten ist.* Nervenheilkunde, Zeitschrift für interdisziplinäre Fortbildung, 6/2006, S. 417-420.

Spitzer, M.: *Großmutterneuronen.* Nervenheilkunde, Zeitschrift für interdisziplinäre Fortbildung, 10/2005, S. 869-872.

Spitzer, M.: *Lernen und Denken – Motivation, Innovationen – Für das Leben lernen – aber wie?* Zeitschrift Tiefbau, Ausgabe 02 /2004.

Spitzer, M.: *Lernen. Gehirnforschung und die Schule des Lebens*, Spektrum Akademischer Verlag, Heidelberg, Berlin 2002.

Spitzer, M.: *Musik im Kopf*, Schattauer, Stuttgart 2002.

Watzlawick, P.: *Anleitung zum Unglücklichsein*, Piper, München 1983.

Watzlawick, P.: *Wie wirklich ist die Wirklichkeit?* Piper, München 1976.

Weber, J.: *Der Mensch ist mehr als sein Körper*, Herbig, München 1991.

Literatur zum Neurolinguistischen Programmieren (NLP):

Andreas, C. & Andreas, S.: *Gewusst wie*, Junfermann, Paderborn 1988.

Andreas, C. & Andreas, S.: *Mit Herz und Verstand*, Junfermann, Paderborn 1992.

Bandler, R. & Grinder, J.: *Neue Wege der Kurzzeittherapie*, Junfermann, Paderborn 1981.

Bandler, R. & Grinder, J.: *Reframing*, Junfermann, Paderborn 1985.

Bandler, R.: *Veränderung des subjektiven Erlebens*, Junfermann, Paderborn 1987.

Bandler, R.: *Bitte verändern Sie sich ... jetzt!*, Junfermann, Paderborn 1991.

Besser-Siegmund, C.: *Mentales Selbst-Coaching. Die Kraft der eigenen Gedanken positiv nutzen*, Junfermann, Paderborn 2006 (überarbeitete Fassung von „Mentales Training", Südwest 1998).

Besser-Siegmund, C. & Siegmund, H.: *Coach Yourself – Persönlichkeitskultur für Führungskräfte*, Junfermann, Paderborn 2003.

Dilts, R.: *Identität, Glaubenssysteme und Gesundheit*, Junfermann, Paderborn 1991.

Dilts, R.: *Veränderung von Glaubenssystemen*, Junfermann, Paderborn 1993.

James, T. & Woodsmall, W.: *Time Line, NLP-Konzepte*, Junfermann, Paderborn 1991

O'Connor, J. & Seymour, J.: *Neurolinguistisches Programmieren. Gelungene Kommunikation und persönliche Entfaltung*, VAK, Freiburg 1992.

Stahl, Thies: *Neurolinguistisches Programmieren (NLP)*, PAL, Mannheim 1992.

Stahl, Thies: *Triffst du `nen Frosch unterwegs*, Junfermann, Paderborn 1988.

»Schatzi, du nervst!«

96 Seiten • € (D) 9,95 • ISBN 978-3-87387-599-9
REIHE KOMMUNIKATION • Gewaltfrei leben

SUSANN PÁSZTOR & KLAUS-DIETER GENS

»Ich höre was, das du nicht sagst«
Gewaltfreie Kommunikation in Beziehungen

In fast jeder Paarbeziehung kommt es zu Streit durch Missverständnisse und ungeschickte Formulierungen, die den anderen verletzen – dabei war es doch gar nicht böse gemeint ... Die Autoren haben anhand eines fiktiven Paares die typischen Dialoge in Partnerschaften humorvoll unter die Lupe genommen. Modelle aus der Gewaltfreien Kommunikation werden auf konkrete Situationen angewandt und der Leser lernt, wie man Konflikte anders angehen und auflösen kann.

Susann Pásztor ist freiberufliche Journalistin im Bereich Psychologie und Weiterbildung und Chefredakteurin von »Kommunikation & Seminar«. Derzeit lässt sie sich zur Trainerin für GFK ausbilden.

Klaus-Dieter Gens ist zertifizierter Trainer für GFK. Nach Ausbildungen als Sozialpädagoge, Supervisor und NLP-Trainer begegnete er M. Rosenberg und engagiert sich seitdem für Gewaltfreie Kommunikation.

Schon gelesen? »Kommunikation & Seminar«:

Das Junfermann-Magazin für professionelle Kommunikation: NLP, Gewaltfreie Kommunikation, Coaching und Beratung, Mediation, Pädagogik, Gesundheit und aktive Lebensgestaltung.

Mit ausführlichen Schwerpunktthemen, Berichten über aktuelle Trends und Entwicklungen, übersichtlichem Seminarkalender, Buchbesprechungen, Interviews, Recherchen, Trainerportraits, ...
Mehr darüber? Ausführliche Informationen unter:

www.ks-magazin.de

Junfermann Verlag

Auf dem Weg zum Ziel

240 Seiten, kartoniert • € (D) 20,50 • ISBN 978-3-87387-631-6

CORA BESSER-SIEGMUND

»Mentales Selbst-Coaching«

Die Kraft der eigenen Gedanken positiv nutzen

Cora Besser-Siegmund ist Psychotherapeutin, Lehrtrainerin und Supervisorin. Seit über 15 Jahren erarbeitet sie in ihrem Institut im Herzen Hamburgs maßgeschneiderte Interventionen für ihre Klienten.

Die Autorin präsentiert eine Fülle von praktischen Anleitungen für eine zielorientierte Lebensweise. So erfahren die Leser, wie sie Strategien zur Bewältigung von alltäglichen Problemen entwickeln können und wie sie auf diese Weise gleichzeitig lernen können, störende Verhaltensweisen schrittweise zu verändern. Ebenfalls vermittelt wird, wie sich übermäßige Stressbelastungen mit Hilfe von mentalen Methoden reduzieren lassen und wie durch Trancetechniken die Wahrnehmung vertieft und wichtige Lebensziele verinnerlicht werden können. Dieses Buch stellt die besten Techniken zur bewussten Selbstorganisation, wie z.B. Visualisieren, NLP und Selbsthypnose vor.

Das komplette Junfermann-Angebot rund um die Uhr – Schauen Sie rein!

Sie möchten mehr zu unseren aktuellen Titeln & Themen erfahren? Unsere Zeitschriften kennenlernen? Veranstaltungs- und Seminartermine nachlesen? In aktuellen Recherchen blättern?

Besuchen Sie uns im Internet!

www.junfermann.de

Sich wieder wohl fühlen

416 Seiten • kartoniert • € (D) 29,80 • ISBN 978-3-87387-628-6

DAVID D. BURNS

»Feeling Good – Depressionen überwinden, Selbstachtung gewinnen«

Basierend auf der kognitiven Verhaltenstherapie beschreibt David Burns hochwirksame Methoden zur Veränderung depressiver Stimmungen und zur Verringerung von Angst. Eine Schritt-für-Schritt-Anleitung zur Selbsthilfe.

Weltweit mehr als drei Millionen verkaufte Exemplare!

David D. Burns ist klinischer Psychiater und als Professor für Psychiatrie und Verhaltenswissenschaften an der Stanford University School of Medicine tätig.

»Es freut mich sehr, dass David Burns der Öffentlichkeit eine Methode zur Veränderung von Gefühlszuständen verständlich macht, die von den Fachleuten mit großem Interesse und sogar Begeisterung aufgenommen worden ist.« – Aaron T. Beck

»Ein Buch, das man lesen und noch einmal lesen sollte!« – Los Angeles Times

Weitere erfolgreiche Titel bei Junfermann:

»**In 10 Tagen das Selbstwertgefühl stärken**«
ISBN 978-3-87387-618-7
»**Sein Leben neu erfinden**«
ISBN 978-3-87387-619-4
»**Selbstachtung ...**«
ISBN 978-3-87387-557-9

www.junfermann.de

Junfermann Verlag

Lampenfieber ade!

208 Seiten, kart. • € (D) 22,50 • ISBN 978-3-87387-683-5

CORA BESSER-SIEGMUND, MARIE-LUISE DIERKS & HARRY SIEGMUND

»Sicheres Auftreten mit wingwave-Coaching«

Im Jahr 2006 führten die Medizinische Hochschule Hannover und das Besser-Siegmund-Institut eine Studie zum Thema: »wingwave im Einsatz bei Lampenfieber und Redeangst« durch. Marie-Luise Dierks, die wissenschaftliche Leiterin des Projekts, stellt in diesem Buch die positiven Effekte von wingwave-Coaching für ein sicheres Auftrittserlebnis vor. Cora Besser-Siegmund und Harry Siegmund beschreiben u.a. den Einsatz der wingwave-Intervention für eine stabile Stress-Resistenz und eine positive Leistungsmotivation im berühmten »Rampenlicht«.

Die Diplom-Psychologen **Cora Besser-Siegmund** und **Harry Siegmund** sind als Psychotherapeuten, Lehrtrainer und Supervisoren in ihrem Institut im Herzen Hamburgs tätig.

Prof. Dr. Marie-Luise Dierks, Medizinische Hochschule Hannover, Leitung des Arbeitsschwerpunktes Patienten und Konsumenten.

Das komplette Junfermann-Angebot rund um die Uhr – Schauen Sie rein!

Sie möchten mehr zu unseren aktuellen Titeln & Themen erfahren? Unsere Zeitschriften kennenlernen? Veranstaltungs- und Seminartermine nachlesen? In aktuellen Recherchen blättern?

Besuchen Sie uns im Internet!

www.junfermann.de